金商道

The positive thinker sees the invisible, feels the intangible, and achieves the impossible.

惟正向思考者，能察於未見，感於無形，達於人所不能。 —— 佚名

追求榮耀 超越極限

合隆總裁陳焜耀
不停歇的人生挑戰與傳承智慧

Pain is short,
Glory is Forever.

陳焜耀——著　單小懿——採訪整理

推薦序

愛與生命力之下的內心世界

司徒達賢

陳焜耀總裁的第四本大作《追求榮耀，超越極限》內容豐富又貼近真實生活，不僅生動感人，而且對經營管理、經營者的立身處世，乃至於家族傳承，都極富參考價值。

我們可以從四個不同的層面來理解這本書的內容。

第一層是企業重生的過程。合隆毛廠雖然歷史悠久，但在陳焜耀接任董事長時，因為兄弟分家、無人專心經營等因素，已經處於岌岌可危的處境。本書詳細說明了陳董事長當時調整資源配置，開發新客戶，讓公司重新走上獲利的過程。其中許多細節，例如管理團隊的組建，甚至高階幹部的惡意背叛等，說明得相當詳細，企業家肯定會產生共鳴，但卻未必有相似的經驗。

第二層是陳董事長生命力的展現。除了上述轉敗為勝的傳奇經歷之外，他在三十年內，為了爭取客戶、採購原料走遍全世界，飛航里程超過四百萬英里，是國泰航空公司亞洲客戶中的第一人。而且因為人望高，活動力又強，被選為國際羽絨羽毛局的技術委員會主席，如此驚人的體能與毅力，是將生命力奉獻給企業經營的明證。其後多次參加全球各地的超馬、萬里單騎（重機），暢遊歐美大陸，以及受傷後的治療與復健，當然也都是異於常人的生命力表現。

第三層是愛心。包括對父母的愛、對兒子們的愛，以及對更早家族長輩建立「合隆」的追思與感恩。三十幾年前，陳董事長在分家以後，面對經營不善的家族企業，大可以在變賣資產後，安享數十年悠閒舒適的生活，或以變賣後所得到的資金，另創新的事業。但陳董事長選擇以畢生之力，恢復家族往日的榮耀。在文中對兩位兒子的期盼、指導、疼惜，以及經由「超馬」之後彼此的「再認識」，令人感動。甚至自己的提早交班，不僅是為了讓兒子及早有充分發揮的機會，而且認為這樣一來，若兒子萬一經營上出了困難，他自己還可以挺身而出，協助兒子解決問題。

第四層是內心世界坦誠的表白。大部分人未必有能力與習慣記得自己過去在經營決策過程中，以及與別人交往時的心路歷程或更深層的價值定位與取捨，然而在本書中，則頻頻表現出作者在這方面的內心世界。甚至他提出的一些管理原則與建議，看來都不是出自學理或別人的說法，而是從不斷的思考、行動，以及自我實踐與反省中所歸納出來的智慧。

陳焜耀董事長進入政大企家班第十屆是三十四年前的事。當時年輕活潑，發表與眾不同意見時從不猶豫，臉上永遠露出自信而充滿善意的笑容。現在他已是跨國大企業的老闆，歷經千辛萬苦，走過千山萬水，但笑容依舊。

接班人陳彥誠就讀企家班二十八屆，申請入學時曾因年紀太輕而被質疑。但是陳焜耀董事長再三強調他準備早些交班，因此獲得錄取。現在他接班十分成功，使這對父子不僅成為家族企業接班的楷模，也是我們大家引以為榮的校友。

本文作者為政治大學名譽及講座教授

推薦序

生命的勇者

陳威明

從醫三十六年，執行超過三萬台骨科手術，我很榮幸能見證陳焜耀總裁過人的毅力與勇氣。他無疑是生命中的勇者，令人由衷敬佩！

總裁承接家族企業，不辱先人使命將營運由谷底帶上顛峰，堅毅的性格，也恰如其分地反映在他三進三出參加撒哈拉超馬極限挑戰上；他因疼痛不良於行前來看診的時候，醫學影像呈現重度的退化性關節炎，脊椎狀況也不佳，可以想見他不知道已經多長時間，過著咬緊牙根忍受疼痛的日子。二〇二〇年九月十六日，威明為陳總裁進行了左側人工髖關節置換手術。九月十九日出院後，隔天他便準備好輪椅和拐杖，帶著三十多位員工前往花蓮展開三天兩夜的旅遊，因為他不想讓員工失望。九月二十九日，他傳訊息告訴我，每天的復健已讓他走路超過一萬步。到了十月十日，他再次發訊告知，自己已經游泳一公里。最令我驚訝的是，總裁在術後第三十九天就完成十公里的馬拉松。他的恢復速度異於常人，簡直是神人等級。從醫三十多年，這樣的恢復狀況我從未見過，他的故事給了我極大的啟發。

這個故事還沒有結束。十一月四日，總裁再次入院，接受了右側髖關節和右膝關節的同時置換手術。沒過幾天，十一月十三日，他就帶領員工搭乘鳴日號火車進行環島旅遊。他以行李箱當作拐杖，陪同員工走完全程。總裁告訴我，手術後他的車速可以開到時速二五〇公里，我笑著請他不要開這麼快，開二四八公里就好了。自此，我暱稱他為「二四八大哥」。

換上新關節後，總裁走得更遠，盡全力去實現多年的夢想。二〇二二年十月十七日，他發簡訊告訴我，他已經在加拿大、美國開車並騎重機橫越北美洲。我請他開二四八即可，結果他開了三五〇。或許是因為長途騎車的緣故，他的脊椎出現了一些問題，回到台灣後，我請脊椎團隊安排了頸椎和腰椎的緊急手術。

這四年來發生的這些故事，永遠深深烙印在我心中。總裁傳給我的照片，我將永遠珍藏。我何其有幸，能認識這位生命勇者、卓越企業家、超人總裁！這份深厚的情誼，威明永遠珍惜！

欣然看到現在的陳總裁，帶著身上六道手術疤痕，又一如往昔地來往於全世界為台灣經濟打拚，他的第四本書《追求榮耀，超越極限》，寫他人生奮力拚搏的經驗，也告訴世人，珍惜有限的生命，絕不輕易虛度，人生有無限的可能性，威明身為陳總裁的臨床醫師及好友，備感榮耀，特為文推薦。

本文作者為臺北榮民總醫院院長

推薦序

陳學長的另類選擇

梁永煌

一九九〇年和陳焜耀學長在政大企家班第十屆結緣，迄今已經三十五年。全班近三十位同學中，陳學長和我的年齡是最為相近的兩三位，加上個案討論在同一小組，因而有較多的互動。

我們畢業三十餘年，這些年來三個月一次的聚會從未間斷，每次同學會時，陳學長分享的生活點滴都讓我覺得「驚心動魄」。

陳學長要我為他的第四本書《追求榮耀，超越極限》寫幾句感言。看了書名，我不禁莞爾，果然書如其人，在同學中，會取這樣書名的只有一人，非陳學長莫屬。

正如年齡與陳學長、我最相近的李銘博學長所言，陳學長勇於挑戰超越自己能力的事，永遠想改變自己不能改變的事。這種不服輸的性格，展現在他經營事業，參與極限運動，甚至接班傳承上。

他在書中娓娓提及的那些經歷，從四大極地馬拉松、重機壯遊，到換髖關節和膝關節，都是我難以想像的。陳學長二〇二〇年間扶著助行器參加同學會，我們每個人異口同聲：「陳學長要多保重！」

同學們萬萬沒想到，隔了兩年，他又靜不下來，於二〇二二年九月既租車又騎重機，遊了大半個美國。結局就是頸椎、胸椎、腰椎受傷，十月在榮總動了大手術。因為熱愛挑戰極限而動這類手術者，我相信陳學長是極少數病人之一。

我深深記得，二〇二二年十一月間，他用 LINE 傳給我一張有著一長條結痂背部的照片，還寫了一段話：「人生都是一場戲、過程和緣分！我的人生非常精彩，也豐富，好壞我都嘗盡了！感謝我的人生有您！」

這就是陳學長的本色，英雄本色！一般人口中的不怕苦、不怕難，對他來說，不只是說說而已，而是生活的一部分。

陳學長的人生是幸福的。年輕時全力投入事業，將懸崖邊的家族事業經營成全球布局最完整的羽絨廠。九年前，交棒給當時年僅三十四歲的大兒子彥誠，這項大膽但成功的百年企業傳承，也讓陳學長近幾年來可以更有餘裕地「做自己」。

換個角度看，辛苦經營事業有成，順利交棒，在我們具備企業主背景的同學中也是有幾個例子，但能完成極地馬拉松、騎重機奔馳美洲大陸的，只有陳焜耀學長，只能說，「雖不能至，然吾心嚮往之！」

去年底香港導演王家衛拍了一部電視劇《繁花》，劇中有一句台詞：「一種選擇，一種人生」，陳學長選擇了一般人不會走的路，才能開創燦爛、耀眼的人生。我們可能有不同的選擇，但這本書都能對我們有所啟發。

本文作者為《今周刊》發行人

推薦序

沒有血緣關係的親兄弟

王正一

就讀政大企家班時，陳焜耀與我編在同一個小組，無論是課業的討論或自家公司經營上的問題，都是坦誠交流。我們兩人同樣屬馬，不過我比他年長一輪，對於有些事情的看法及見解或許不同，然而正是這樣的差異，讓我們有更廣的角度可以互相參考和學習。畢業後我們經常聯繫，太太也成為莫逆之交。合隆的重要慶典及家庭喜事，我們也榮幸成為座上賓，見證了他事業的蓬勃發展及家庭的幸福美滿。

陳焜耀的個性耿直，對人熱情，充滿了活力與自信。父親病逝後他臨時接班，當時市場不景氣，客戶被掠奪，人才流失，財務困難，公司瀕臨倒閉邊緣。他身負重振家族事業的使命，著手精實管理，開創新局。那段期間，他全身心投入工作，不眠不休地飛往各地推展事業，把飛機當旅館。經過這番努力打拚，在他六十歲之前，合隆毛廠已成為世界羽毛產業的佼佼者。

事業成功之後，陳焜耀回去追求年輕時未實現的夢想，參加了十三場超級馬拉松，又騎重機縱橫北美洲，以不同的視角去欣賞這個世界。但原本疲憊不堪的身體徹底垮了，頸椎、胸椎、腰椎、髖關節和膝蓋都做了手術，幸好有華陀在世的名醫相助，以及自己努力復健的結果，過程雖然苦不堪言，慶幸終究又站了起來。就如同他這一生遇到的風風雨雨一樣，最終總能憑藉他不服輸的精神，和異於常人的意志力，再次奮起。

陳焜耀將商場上的奮鬥心得、超馬賽場上的艱辛、騎重機時的意氣風發、接受醫療的心路歷程，及如何成功交棒的方法，毫無保留地詳實敘述，讓讀者可以從中獲得啟示，真是一本勵志好書，無論你是否熟識陳焜耀，都能從中得到激勵。

本文作者為桂冠食品創辦人

推薦序

「山登絕頂我為峰」的極致典範

佟德望

這本書是一位追求極致人生男子漢的寫照，超凡絕倫，淋漓盡致！陳焜耀學長，是我政大企家班的大前輩，兩百公里「擁抱絲路」初超馬的跑伴，哈雷車主俱樂部的兄弟，啟發人生的良師益友，更有通家之好的交情。

二〇一一年「擁抱絲路」是我初識焜耀學長和彥誠的機緣，見到這對父子的第一印象和兩人互動的情境至今依然鮮明，嚴格威儀的父親，聰敏慧捷的兒子，兩人都是運動健將，眉宇之間透著陳家一派的將門之氣。那時絲路大使的行程是一大跑一個馬拉松，連續五天，當時我太太黛瑜，兩個兒子澤陽、澤侊也參加，我們全家之前都沒有跑馬拉松的經驗，在陌生的絲路和大雨滂沱的挑戰中，心中不免忐忑，卻也很快和陳家父子熟了起來，日後發展出兩家人的好交情。

我記得是在第二天清晨出發後不久，焜耀學長跑到我的身邊對我說：「David，你去領跑，這樣你就不會掉隊，一定跑得完，我和你一起。」當時我一頭霧水，不過在前途未卜的征程中樂於有人作伴，就這樣我倆無話不談一路領跑到終點。他後來才對我說，他仔細觀察發現我是個重責任的領導性格，所以要我領跑，最後也如他所言順利完成兩百公里的挑戰。其間，他對我太太說：「嫂子不簡單，這頭獅子竟然能讓你牽著，厲害！」說罷兩人相視大笑，我在一旁陪著笑，心中琢磨著：「這兩個人，到底誰比較厲害？」

學長邊跑邊問我：「聽你說『人一生一定要擁有過哈雷，全世界的哈雷沒有一部是相同的』是什麼道理，說來聽聽？」我解釋說一百多年來每個哈雷騎士心中，都有那份強烈的獨一無二性格，追求與眾不同與自由，是一種終極夢想的實現。「哈雷的騎士，就像翱翔天際的白頭鷹，其他只是他們反射在地面的殘影！」學長一聽眼睛亮了起來，我加了一句：「人生短暫，想做什麼就勇敢去做吧。」就這樣，二〇一五年的某一天，我接到學長的電話：「我把公司交給彥誠了，從今以後我要專心騎哈雷。」接著他全心投入，成為哈雷車主俱樂部 H.O.G.（Harley Owner Group）大家庭的成員，加入志同道合的車隊，每年的哈雷大會師——亞洲騎士烏托邦（Bikertopia）——都有他活躍的身影，更騎著他的哈雷寶駒馳騁全世界，徹底實踐了「丈夫志四海，萬里猶比鄰」的豪情壯志。比起他在事業上單單國泰航空一家的里程數就累積了四百九十二萬多英里，相當於繞行赤道近兩百圈拚搏全球商場的豐功偉業，一點也不遑多讓！

彥誠接棒百年企業合隆毛廠成為第五代領導人的過程，看到一個強人企業家父親對接班兒子的嚴格和愛護。雕琢、成器、釋權、陪伴，父子更並肩歷經極端冰火試煉同列世界四大極地超馬的英雄榜，傳奇而完美地演繹了「寶劍鋒從磨礪出，梅花香自苦寒來」的真諦！很高興見到合隆在彥誠的帶領下不斷創新、成長、茁壯！參加合隆一一〇週年慶，也是彥誠、彥誌兩兄弟的共同婚禮的記憶猶新，而今合隆已堂堂邁入一一六週年，彥誠已是事業有成、家庭幸福四個孩子的父親。看著心愛的企業、子弟成功有為，焜耀學長想必志得意滿，心中卻不免又起心動念要去征服下一個極致的人生挑戰了吧？

在絲路征途上，我和焜耀學長分享嚮往的人生境界。我想像一位仗劍大俠孤立山顛，刀尖滴血身軀已殘，回首來路百戰不殆，昂首眺望意氣風發，過癮。學長大感認同，但問我一定要這麼悲壯嗎？我反問他，「追求極致成就豈能不付出高昂代價，這不就是您的人生寫照？」他點點頭，要我寫下來，放在他的新書裡。

我一直把學長的囑咐銘記在心，但雖多方嘗試總是不得要領，直到我終於想通了，學長無比精彩的極致人生又豈是任何型式的文字可以表達於萬一？

謹藉此篇幅向焜耀學長致上最高的敬意和滿滿的祝福。

無役不與必勝，橫刀所向披靡，孤立山顛絕崖，刀尖泊泊淌血，
無計傷痕累累，斷一臂折雙腿，回首征服大地，前望蒼穹無際，
胸中澎湃萬千，奮然仰天狂嘯，當得快意恩仇，長笑此生無憾，

豈

一個爽字了得！

後記：在「擁抱絲路」終點在望的時候，焜耀學長突然高速快跑第一個衝過終點線，他後來說，實在是因為腳太痛無法忍受，所以就先衝再說了……果然是「非鳴不可，一鳴驚人」！

本文作者為太古汽車集團行政總裁、政大企家班第二十一屆

推薦序

父親與合隆毛廠的故事將持續書寫下去

陳彥誠

這是我父親陳焜耀的第四本書，出版的時間別具意義。二〇二四這年父親邁入七十歲，這本書不僅是他重要的著作，更是一部深度反映他個人生命歷程和家族興衰的作品。與先前的著作相比，本書更深刻闡述父親自幼年來的內心世界，比如騎重機帶給他多少快樂，又或是公司每年年末的感恩晚宴為什麼這麼重要。

書中許多故事我從小就耳熟能詳，這次透過這本書，這些故事有系統地呈現出來，娓娓道來父親艱辛卻不輕言放棄的一生。書中細膩描繪了父親當下的心境，包括深受打擊時的不甘與努力再起，或者跑超馬時堅持到底的決心，抑或是復健時從不認輸的毅力，觀者不僅能沉浸於其中的波折起伏，也對父親當時的處境感同身受。

於我而言，從本書也讓我對父親有了更深層次的認識。我們一起經歷公司的低谷，一起面對工作夥伴的背離，也一起享受跑超馬時的傷痕累累，然後共同登錄世界四大極地超馬的完賽證明。過去共通的記憶又一一浮現眼前，我看見父親內心的強大與無畏，並深以為傲。

父親帶著我走過時代變遷，無論社會環境、商場局勢如何變化，都看得到父親對我、對家族、對公司、對員工們的關心、操煩，還有不厭其煩的提醒，全是因為父親希望合隆的精神可以永遠傳承下去，希望我們大家都過得好。

本書與父親之前的著作《商人之道》和《鴻毛之重》有許多延續之處，或許這本書可以視為陳焜耀與家族企業合隆毛廠故事的第三部曲。顯然，這第三部曲並不是故事的最終章，父親與合隆毛廠的故事將會持續書寫下去。

本文作者為陳焜耀長子、合隆毛廠董事長

追求榮耀，超越極限

目錄

推薦序

【上部 人生挑戰篇】

第4章 從痛苦中重生，無盡感恩的復健旅程 179

【下部 榮耀傳承篇】

作者序

活出我的價值觀

這是我的第四本書，前面三本書記錄了合隆的百年歷史、兒子們和我的超級馬拉松人生，與合隆的傳承。距離第三本記錄傳承的書完成至今，事隔六年，當初的時空背景跟現在的環境，已經產生很大的變化。變化歸變化，有些真理卻是永遠存在，不管時空如何變遷，比如說幾百年後，陳家的歷史不會改變，又比如說我們為商之道，永遠在尋找新機會。

我經常跟我兒子講，我父親是在日本統治時期的商人，他一直在找商機，就像你現在尋找新的契機，其實沒兩樣。就像日本文明之父、啟蒙大師福澤諭吉所說的

「商人之道」：

商人猶如到處漂流吸收養分的浮萍，
所居住的地方全是他的故鄉，
全世界都可以是自己的墳墓。

過石頭橋一定要邊敲邊走，
我所踏的地方，那就是路，
所謂別人的路並不是自己的路，
這才是「商人之道」。

我們合隆毛廠在第二次世界大戰前都是用手工將收來的羽毛做分類的工藝，二戰期間，日本人控制物資，在北投設工廠，所以戰後台灣才有用機器來加工羽毛的製程。第二次世界大戰時，當時美軍空襲台灣，我父親陳雲溪原本居住在大稻埕，後來逃難到新莊，再輾轉逃難到鄉下地方。那時父親好不容易在台北賺到一包米要帶回家，然而戰亂時期，火車班次非常少，又幾乎每班客滿。父親雖然有買到火車票，但是火車上已經擠滿了人，沒辦法上車。火車開動，父親趕緊跳到火車上，手抓住車門旁的手把，腳踏在門墊上。火車一路前行，父親真怕摔下來，到時連命也沒有了。家裡人除了吃地瓜和地瓜葉之外，想吃的就是那包米。火車行駛兩站之後，父親才擠進車廂內，安然無恙的把米送回家。

二戰之後，台灣光復，國民政府來了，當時父親已經重整家業，首當其衝遭遇貨幣轉換的變動，從舊台幣換成新台幣，當初我們出口美金匯兌完後政府給我們舊台幣，在那動亂時期，我們必須帶著麻布袋去銀行領出舊台幣，再用三輪車載回，極不安全，然後又得趕快把那些舊台幣換成貨物。那是四萬元換一元的時代，原料的價錢一天四、五個價，風險非常大，若是處置不當，虧損的代價是非常痛苦的！

當時台灣的物資有限，貿易又不是很開放，同時島內的競爭很激烈，父親便想到台灣以外的地方尋找新機會。一九六四年，父親因為我母親的關係，到新加坡設廠，不知內情的外人到處放話，說我父親到新加坡投資是被我母親騙去的，母親默默背負著罵名，同時支持著父親，有苦水只能往肚子裡吞。結果一年後，父親建立了新加坡合隆毛廠，同時我堂哥到新加坡，也順利繼承父親的基業，只可惜再傳一代，就無以為繼了。

上述合隆的歷史，記錄在我的第一本書，後來再寫兩本書做為跑馬拉松、傳承的記錄和分享，現在寫這本書就是佐證在前面三本書之後，具體落實的結局是如何？包括我跑完極地四大馬拉松拿到大滿貫之後，我又挑戰了哪些馬拉松賽事？有意思的是，我接著還去騎哈雷重機，結交了更多不同文化背景的新朋友。

同時我在九年前做傳承工程，但傳承後這九年又不是想像中那麼順著我的理想與規畫，想像無比完美，而現實總是會有些挑戰。這九年，兒子和我從苦於爭執，到和平相處，現在我則變成他的啦啦隊。我嘗試從吵架中學會放手，從自己說了算到讓路鼓掌。彥誠也從單身漢成為四寶爸，合隆毛廠第六代比想像中還快出現。

公司、接班之外，我則因為長年累月跑超級馬拉松加上騎重機環繞北美洲，髖關節和脊椎嚴重受損，幾次重大手術後，開始漫長且辛苦的復健之旅。如果我爾後的日子都得坐在輪椅上，我的自尊心會受傷，不能自由活動的日子，於我而言活著也沒什麼意義。所以無論復健有多痛、多麻煩，我每天照表操課、從不懈怠。一年多下來，我從沒有助行器不能行動，到現在可以帶著看護自由行動，視察合隆在台灣以外的業務單位，拜訪全球客戶、朋友和相關組織，度過這段堪稱我人生最大的風險和逆境的日子。

我這輩子熱愛自由，但是我也老早覺悟，從進入合隆的第一天起，下定決心合隆是人生的第一順位，我便沒有自由，也沒有自己的生命。弔詭的是，當我不再拘泥於什麼樣是自由、什麼又是不自由，這才是真自由。生命的每一時刻，我都活出了我自己的價值觀：義理、善良、分享、正直，以及最重要的——愛。

七十歲的我敢說，我陳焜耀對得起父親陳雲溪和母親陳寶珠。他們沒有白生、白養我了。

落到谷底的失敗，再從谷底爬出來的個中艱辛，與大家分享。

序章

極限之後，體悟從未經歷過的人生

經營一家公司，天天都不一樣，每分每秒都不一樣，
唯有這樣的體悟，並且即時調整，
身為員工才是個好員工，身為主管才是個好主管，
身為領導人才是稱職的領導人。

時間回到二〇二二年十月二十六日，我動頸椎手術那天。這次的頸椎手術不是尋常的頸椎手術，而是我長年搭飛機、跑超馬、騎重機，導致脊椎擠壓變形、髖關節過度消耗磨損壓迫到神經，必須要動手術把脊椎的椎節拉開，否則我就沒辦法走路。而手術如果不成功，我可能會半身不遂，在輪椅上度過餘生。如果淪落至此，我會想辦法自我了斷。

開刀那天，我躺在病床上被送入開刀房的路上，我太太 Cherry 哭了，她是個堅毅有個性的女人，就算在一九九〇年代那幾年我們最苦的日子，她也沒有哭。我的貼身助理怡伶也哭了，她視我如父，從老師轉行到打理我大小事，每次使命必達。一個是我人生最重要的夥伴，一個是團隊的縮影，推入開刀房這段路短短幾秒鐘，彷彿看到自己人生的跑馬燈。原來我這比別人多拚命好幾倍的生命旅程，幾秒鐘也看完了。

歷經三小時的手術，我被推出開刀房，手術成功，術後觀察也平安。七十歲之前，我歷經兩次大手術，除了這場三小時的頸椎手術，另一次是二〇二二年十一月二日的胸椎腰椎手術，那天手術歷時六小時，在恢復室休息五小時，總共花了一一小時。所幸兩次手術順利結束，才有現在這些文字。

為什麼要寫這本書：時空變遷

這是關於合隆毛廠的第四本書。

合隆毛廠成立於一九〇八年，為少數立基台灣，跨足國際的百年企業，目前是亞洲歷史最久、全球布局最完整的羽絨加工廠。從原料、生產、製造到品牌，台灣之外，在加拿大、日本、韓國、越南、緬甸和中國都設有據點，客戶遍及北美、歐洲、日本、韓國和中國。

二〇〇七年，合隆創立一百年前夕，我想寫一本書，有人笑說哪裡有一百年，我便搜集、整理資料，並訪問家中長輩，將第一本書《商人之道》寫出來，讓大家知道這一百年是踏踏實實、真的一百年。《商人之道》主要描述合隆毛廠在一百多年前以回收「歹銅舊錫」（台語）起家，如何從沿路喊「酒矸倘賣無」的資源回收古物商，到成立羽絨加工廠，進而打入國際。其中一九九〇年代合隆分家，接下狀況最糟糕的台灣廠，我面臨經理人出走、被迫關廠裁員、負債上億，瀕臨倒閉，接下這把掉下來的刀子，我如何撐過這些煎熬，帶領合隆走過逆境，從負債三億，推升至營收六十億元，成為全球布局最完整的羽絨廠。

二〇一六年，我六十二歲的時候，完成第二本書《擊敗心中要你放棄的聲音》。第二本書談我與兩個兒子從二〇一二到二〇一四年，投入全球四大極地超級馬拉松賽事（編按：「四大極地超級馬拉松」The 4 Deserts Ultramarathon Series，指的是非洲撒哈拉沙漠、新疆與蒙古戈壁、智利阿他加馬沙漠和南極冰原），父子成為四大極地超級馬拉松完賽的登錄者，也是全球唯一父子檔的紀錄者。這本書談論得非常輝煌，我如何暫時抽離身心俱疲的商業圈，轉戰人生第二個戰場，長達兩年的征途，我看見老大彥誠的領導風範，埋下接班的種子，並且重拾與老二彥誌的父子時光。

二〇一五年十月九日，我把董事長的位置傳給彥誠，完成交棒儀式。我與兒子之間的傳承與接班，對於企業經營關鍵議題的看法，我們用對談的方式，分享彼此從看法對立、相互理解、建立默契到並肩作戰的接班過程，這些內容皆具體呈現在二〇一八年出版的第三本書《鴻毛之重》。

從十六年前寫第一本書，當時合隆慶祝一百年，到九年前傳承到現在，中間我個人完成了騎哈雷重機環繞北美和環騎半個加拿大的壯舉，大環境則歷經Covid-19疫情和全球區域經濟的轉變。現在的時空背景，與當初寫三本書的環境完全不一樣，特別是傳承，當年我交棒交得很容易，實際上不管是傳的人，還是承的人，都沒有那麼簡單。再加上彥誠成為四個小孩的爸爸，現在整個心態、情勢都與過去三本書的狀況不同。

在二〇一五年，我把合隆交棒給老大彥誠後，開始騎重機壯遊之旅，從台灣騎到法國、美國、加拿大，到二〇二二年總計騎了五萬六千多公里。幾年下來，我今年（二〇二四年）滿七十歲，加上之前一共跑十三場超馬的國際賽，身體受傷了，騎重機後，受損速度加快，後遺症出現，二〇二〇年起開始換髖關節。

喜愛挑戰的我，髖關節和膝關節換掉後又耐不住，繼續騎著重機東西南北跑，二〇二二年九月到美國租了一部車子，從西岸西雅圖開車到芝加哥，然後換騎重機，從芝加哥往北騎到多倫多，再跟一些車友南下騎到美國北卡羅萊納州的藍嶺山脈（Blue Ridge）。因為開車與騎車的長時間震動，加速原本就有問題的脊椎惡化，當時的我是坐輪椅回到台灣。我的頸椎、胸椎、腰椎三個地方受傷，壓迫到神經，要開三次刀。幸運的是，遇到榮總的陳威明院長引薦黃文成主任為我執刀，讓我回到正常的社會運作體系，才會有動機寫這本書。

這幾年環境一直在改變，合隆毛廠的規模從大變小，而大公司跟小公司不一樣，合隆最早以前是大公司，後來面臨財務危機、瀕臨倒閉，讓我緊縮到非常小，然後再發揚光大，又把規模擴大。

彥誠接手時是合隆非常大的時候，公司裡牽涉到資源的擴張與浪費，他必須要用新的眼光重新盤點、重新去做精簡、重整，因應新的年代再做開源節流，他才能創造新的機會；時代不一樣，決策者做的決定也不同。所以基本上，我們不能拿不同的時空背景，來對比目前的價值及作判斷。

對我來說，以前合隆都在我的掌握之內，《鴻毛之重》出版之後，我不再是主事者，而是成事者。雖然在寫書的當下，我很有經驗，也很誠心寫這些書，但是物換星移，換做是我今天的認知，我又體會、感悟到什麼？

為什麼要寫這本書：生病之後的體悟

自從脊椎開刀之後，手術成功是不幸中之大幸，我必須要靠助行器行動，需要看護協助我站立及日常生活。想起當年我跑馬拉松、騎哈雷橫越美洲大陸，簡直天淵之別。為了要恢復行動自由，同時間我開始積極地復健，每天的復健行程超過兩小時，包括在榮總物理復健、在長庚中醫針灸、在大直復健科與中國醫藥大學附設醫院復健。每一個動作進行中，自尊心的痛、神經的痛和筋骨的痛，所有的痛加在我的關節上，彷彿有一千萬根針在扎，極限馬拉松變成心理的馬拉松，非常痛苦，有可能永遠不會好，可是我不能讓我自己在輪椅上度過下半生，我要站起來，我要到處趴趴走，我要自由，再大的痛苦我都能忍。

在復健這條路上非常非常辛苦，在這過程中，我體悟過去從未經歷過的人生。我開始體會到每件事情都有代價，更體會到什麼叫「陰陽」。

從前的我只有要不要，沒有能不能。只要我肯努力、只要我肯付出、只要我肯給，上天都給我最好的，我也認定人生只要努力付出，就會有收穫，而且投入越多，得到越多。好比當年我的幹部群，雖然團隊裡只有我一個是企業主，其他都是專業經理人，可是我們吃一樣的，分享所有資訊，我還以廠為家、住在工廠，我的一生都和我的同伴分享我的資源，就是《論語》裡面「願車、馬、衣、輕裘與朋友共，敝之而無憾」的寫照，我跟幹部就像電影《投名狀》裡的拜把兄弟，齊心協力，做事很容易成功。

然而承擔完人生挫折，完成這些世俗所謂「成就」、「責任」，然後得到人生的獎盃，看在外人眼裡非常了不起，直到現在才知道原來後面要付出代價。我萬萬沒有想到，跑超馬跟我追求事業成功不一樣，身體有極限，我卻把超馬當作一種嗜好，像是吸毒一樣上癮。每跑完一次必須要好好休息，就像土地也要休耕，但是我沒有，每次跑完便馬不停蹄準備跑下一場。跑超馬當嗜好可以，但不能像我這樣瘋狂地操練，我一跑就跑了十三場超馬。

我是一個極端不怕苦的人，只要有一個目的在那裡，再怎麼苦我都願意承受。

在經營事業時，我不走偏鋒或者輕易的路，我跟員工混在一起，跟客人打拚在一起；在成功嶺時，我被霸凌，於是學跆拳道拿到黑帶；跑沙漠的時候，沒洗澡好像乞丐，為了跑兩百公里，事前必須練習跑五百公里，然後在嚴酷的賽道環境自我挑戰。但是每次完賽之後，多一個獎牌，有這個誘因，再怎麼苦我都願意。我不怕艱難、不怕苦，只要有一個希望，我就會接受挑戰，努力達成目標。

世間萬物總有陰陽兩面，有很多燦爛發生，也就一定會有黑暗面，才會平衡。我的人生得到那麼多，如今脊椎受傷，開完刀，要使用助行器，每天復健，也沒什麼好抱怨的，我就是坦然面對它。

從復健看企業經營

二〇二三年十二月三十一日，年底前的這個禮拜，我的復健還是在關鍵期，目前是手術完後一年，這期間神經跟肌肉某些離脊椎比較遠的地方都還沒長好。每天兩次到三次的復健，再加上自己在家復健，我把復健跟做生意、讀書、跑超馬、騎重機看作一樣，都需要相同的態度跟努力，為了自己的身體，我必須更努力。

二〇二三年末最後一週我跟彥誠談了幾次話，跟他談及過去我做的都不重要，過去做的只是供我們參考，到底方向對不對、走的路對不對，就跟我們在跑超馬或以前做的很多事一樣，包括健美比賽、騎馬比障礙賽、養狗、打球等等，只要選對了教練、選對了方法，就會事半功倍。

交棒給彥誠，已經進入第九年，馬上就要就邁入第十年。九年前，我在交棒之前去找過命理老師跟我的軍師，他們都勸我晚點交棒，他們說為時甚早，但我沒有聽他們的話，我還是把董事長的位置傳給彥誠。這期間，我的得失在哪裡？

我時常講我的人生不怕錯與對。錯或對的問題，在於你怎麼去斷定錯對，但是企業經營的錯對就得非常注意，因為錯對會關係到「人」，包含我們都看到的，被迫離職、被迫退休的員工就沒有收入。好比我很多朋友在Covid-19的時候關掉工廠，而我們工廠剛好相反，增加了很多人，這些都是人事成本。我們要知道如何買對的東西，來解決我們的問題，好比買剪刀，是用來剪東西的，不是用來傷人的。在企業經營裡面，便會有決策上的對錯。

我時常跟彥誠說，身為一個企業領導人的基本動作是這四步驟：站穩、坐正、看清、出手。即便基本動作做得再好，領導人還是有局限，不可能全知全能，一定要仰賴團隊。我喜歡拿包青天當作好團隊的例子，有時會被人嘲笑，不是笑說這是虛構的故事，就是被笑故事過時。開封府包青天的智商非常高，審理判斷、廉潔公正都做得很好，但是如果只有包青天，沒有王朝、馬漢蒐集資料，沒有公孫策做他的智庫、討論策略，沒有南俠展昭逮捕兇手，他鐵定無法釐清案情、緝凶歸案。

我既不是要談故事的真假，也不是要趕流行，而是拿開封府的包青天舉例，看包青天如何帶領開封府內的團隊屢斷奇案，成為高效團隊，以及其中的角色為什麼會讓團隊成功。身為一個經營者，他的身邊必須要有一批人，不是基於個人利益選擇提供資訊，而是基於他的角色職份提供資訊，協助經營者做判斷、決策。

每家公司不論好壞，到了年底一定要花時間復盤今年的成功與失敗、對與錯，問題在哪裡？時機在哪裡？好在哪裡？員工的功勞在哪？要怎麼獎賞？哪邊估計錯誤需要修正，包括市場的修正、薪資的修正、成本的修正、機器的修正？

我現在天天復健，每天看起來幾乎都一樣，但真的一樣嗎？不一樣。復健團隊每天給我的訓練方式不一樣，我痛的地方不一樣，醫生每次看診開的藥也不一樣。身體受傷開的藥不是一樣嗎？復健不是做同樣的事情嗎？對不起，都不一樣。

同理可證，經營一家公司，天天都不一樣，今天早上跟今天下午不一樣，每一分、每一秒都不一樣，唯有這樣的體悟，並且即時調整，身為員工才是個好員工，身為主管才是個好主管，身為領導人才是稱職的領導人。

所以儘管我已經交棒給彥誠，在二〇二四年的第一個禮拜，我還是跟大園廠幹部們視訊會議聊聊，看看員工，由下而上，互相知道彼此的工作情形和要做的事，這才叫團隊及分享。唯有願意即時分享資訊及工作狀況的員工，才是公司要的人，公司的舞台、平台、釣魚竿、釣魚餌拿給你去做事，這些生財工具跟名譽放在你的手裡，才是對的。

回到為什麼我要寫第四本關於合隆的書，總歸一句話，這是自從我交棒近几年後的復盤，也是我人生七十歲的復盤。七十歲的我在歷經重大手術、復健之後，看著彥誠帶領合隆一路走來，現在的感受與六年前出版《鴻毛之重》時，已經產生了一些變化。

基於此，這本書分為上下兩部。上部「人生挑戰篇」講述我的生命故事。第一章是我的背景，及加入合隆毛廠至今的艱困與喜悅；第二章是我與兩個兒子一同征戰超級馬拉松，從中我學會了親子相處之道，也下定決心要提前接班計畫，將合隆交棒給兒子；第三章是交棒之後，我找回我童年的夢想——像個美國西部硬漢一樣，騎乘重機奔馳大地！然而，恣意縱情的結果，導致我的身體嚴重受損，差點不能走路。第四章述說我手術和復健的經過，我如何度過這人生最大的逆境？

這段經歷讓我對生命有很大的感悟，由此進入下部「榮耀傳承篇」。經歷過大手術和長期復健，我在第五章中分享我對於公司的經營管理更深刻的體會；第六章則分享我的經營管理之道，希望對合隆毛廠、對管理團隊、對員工、對董事長都有所助益；第七章細數交棒九年來的衝突與理解，我相信此後彥誠會做得比我更好！

回看我過去生命中的三件大事：合隆毛廠的中興、超級馬拉松的征戰，以及傳承交棒，這三件我人生中的大成功，用現在的眼光看來，其中的得與失、陰和陽分別是如何，讓我對企業經營的彈性和韌性更有新的體會，也是七十歲的我對公司、對人生的檢討與分享。

人生如同一場戲

時間過得很快，人生就是一場戲，戲台搭在合隆毛廠，而合隆毛廠就像一輛穿梭在銀河鐵道上的列車，已經開了一百多年，隨時隨地都有人上車、下車，這些人可能是客人，可能是員工，可能是路人，可能是流氓來搗蛋，也可能是來貢獻的，什麼人都有，在列車行進當中，發生很多故事。

人生在世，我不是來混的，也不是來跑龍套，而是站在一個經營者的立場，背負著合隆毛廠第四代負責人的使命，現在由第五代彥誠駕駛著這台列車，如何挑選前進路徑、決定速度，駕駛得平穩、精彩、賓主盡歡，端看我和車上的人，無論哪個角色，如何一起使命必達；在上車、下車這段時間，不管長短，擁有一段快樂幸福的時光。

人生就像一場戲，今晚由我演出，必使掌聲如雷。

現在，請各位上座，這齣由我主演的人生大戲，即將開始。

上部

人生挑戰篇

合隆毛廠是百年家族企業，但我從來就不是含著金湯匙出生，我很能忍受痛苦，在達到目標之前，再大的痛苦我都能面對。我從不怕挑戰，甚至主動尋求挑戰，我去跑極地超級馬拉松、騎哈雷機車壯遊美加。雖然後來受傷，必須手術、復健，但我感恩這些經歷，不但豐富了生命，也拓展我經營管理的視野。

第1章

專注羽毛本業，我的商人之道

沒有人教我怎麼做，但我一直在找事情做，
一直在研究如何把事情做好、做成功？
從那時候開始，我就知道人生的旅途中，
一切事情要靠自己學，只能靠自己，不能靠別人。

我們陳家最早是從滿清末年渡海來台，做資源回收起家。在資源回收物中，羽毛的經濟價值很高，全台灣都有收集羽毛的資源回收商，羽毛收集之後再經過處理，便可以出口到日本、歐美。當時以「Hop Lion」做為出口貿易商的名稱，到了第二代多了「合順行」的中文行號。我父親陳雲溪是第三代，成立合隆，也是根據「Hop Lion」音譯而來，但究竟現在合隆的 LOGO「Hop Lion Since 1908」從何而來？已不可考。

我父親非常孝順，從不忤逆父母，因此在祖母安排下，自小就有童養媳，十八歲結婚。我的母親陳寶珠自幼家境清苦，從小被送給人家當養女，為了多賺錢，她十多歲便到台北打工，因此認識我父親。母親是個大美人，很快就與帥父親墜入愛河。

父親平時會在晚上七點多騎著他的摩托車回來，然後在辦公桌上處理事情，媽媽邊準備酒菜邊跟他聊天，父親用完宵夜後便離開，只有週六晚上留下來，週日中午回去。每逢週末，父親帶著我們一家四口看電影，看遍台北市所有的電影院，過得很幸福。

第三、四代全家福。1955 年攝於台北重慶北路。

第二代陳聚水(中)與次子陳雲溪(左)，
在台灣光復後正式成立合隆毛廠。

我的阿公陳聚水，在十來歲時就
跟著叔叔跨海到台灣。

真正明白我母親是小老婆，是在小學跟人吵架，被同學罵「細姨仔囝」（台語），講得很難聽，當時聽到就傻了，回到家又不敢問，小時候曾覺得自己很倒楣，等到長大後，一切明瞭。父親五十歲生日宴時，媽媽、哥哥和我沒有被安排在主桌，而是坐在最旁邊的位置，大合照也是被安排在最角落。

後來我父親到新加坡創業，母親除了要忍受孤兒寡母的無助，還要擔心爸爸移情別戀，哥哥和我會分不到財產。小學畢業的她勤練國字，寫信給我爸爸，字裡行間都在謀求我們的將來，為我們爭取權益。母親如此苦心孤詣，到頭來事實證明也是一場空。

身為「細姨仔囝」讓我在性格上有兩個根深柢固的特質：一是察言觀色。小時候怕惹人討厭，及為了避開與大房小孩爭端，我從小到大做人都非常小心細膩。長大以後面對客戶，我極重禮數，客戶不分大小，來到辦公室一律奉茶，外國客戶特別吃這一套。

二是非常認本分。從小父母一直灌輸我不要爭、不能爭，讓我不會癡心妄想，面對目標努力就對了，因為不會有人幫我，也沒有過多的資源會送給我。這使我在事業上不做白日夢，對於現實的反應迅速，不花時間做過度的期待；狀況一來，不如預期可以怎麼回應，如預期可以怎麼回應，我全都事先想好，不會在那裡乾等。

一九七七－一九九〇：曙光期

我小時候的學業成績不怎樣，考高中時英文只考了十二分，普通高中落榜，只考上黎明工專機械科。畢業後，我到小金門當大頭兵，退伍前，也跟其他人一樣對未來很茫然。

一九七七年六月我服完兵役，休息了一兩個禮拜，父親說服我進合隆，要我在合隆毛廠幫他兩年，也算學習。他的責任是教會我他父親教給他做羽毛的功夫，如果哪天我沒飯吃，還可以靠這個技能生活。兩年後，如果覺得不適合，可以離開合隆，兩不相欠。

一九七七年七月一日我正式成為合隆毛廠的員工，在小金門一起當兵的兄弟周德義也跟著進了合隆，被我父親丟到合隆毛廠的桃園廠。

沒有人安排我做事，桃園廠長叫我到現場看看，去幫助一線工作同仁，說穿了就是做雜務，我身兼雜役、混毛組、打包組、化驗人員及送貨人員，還住過八個人一間的宿舍，當時月薪是三千五百元。

住在桃園廠的時候，我和工廠員工晚上都是自己去買麵回宿舍煮，麵拌醬油、拌豬肉、拌大蒜、拌蔥，然後煮個湯，叫幾瓶啤酒。我們當初就是這樣子同心協力，吃住都在一起，我們一天討論公事、討論產品線不下十次。

後來我被調到台北公司，周德義留在桃園工廠。即使在辦公室，我同樣做幫忙燒開水、泡茶、送文件、跑銀行的基層工作，後來騎摩托車做內銷業務，晚上偶爾還要到客戶工廠陪員工上班。

公司每天都很忙，但是安逸停滯沒賺什麼錢，我決定走出辦公室、走出工廠，親自下鄉買原料、跑業務，每天下午騎摩托車到桃園工廠，和周德義開著卡車到羽毛盛產地宜蘭。

當時的羽毛供應鏈，是由古物商送羽毛到毛廠，或由工廠向中盤商採購羽毛。古物商提供的羽毛原料，會簡單曝曬處理、避免腐爛，但品質不如中盤商。可是中盤商買回來的毛，不但會被多賺一手，還會拿到摻雜異物的羽毛，品質參差不齊。

我和周德義直接找上古物商買羽毛，親自確認貨色品質，以防混入其他雜物，好不容易挑了五百公斤的羽毛，忙到晚上，再從宜蘭開夜車回桃園，最後結算共賺兩千五百元，扣掉油錢和工資，根本沒賺錢。當天晚上我睡不著，我問自己，有沒有辦法買到更好的原料，而不是等著別人送上門來？如果公司一直無法突破，只是坐在辦公室內買賣，顯示不出價差，那是賺不到錢的。我決定幫合隆找到更具競爭力和產值更高的路。

我找到的第一條路，是代工。一九七八年，我加入合隆的隔年，有一回新加坡合隆加工不及，部分原料想運到台灣加工，當時要進口原料很麻煩，我向新加坡合隆爭取到訂單後便往工商局跑，辦妥所有的手續，竟然成為台灣首家進口原毛加工的廠商。我恍然大悟，原來代工可以是一條路，合隆可以用這種模式繼續在台灣走下去。

第二條路，是內銷。我從舊有客戶資料中，挑選客戶並親自拜訪。我有把握我們的原料品質好，不摻雜其他雜物，敢賣得比較貴，而且教客戶了解羽毛，也會依照客戶的條件來出貨，如果品質有問題，合隆絕對負責到底。這個條件對當時的成衣製造商而言很重要，因為美國海關對品質審核非常嚴格，如果品質不符合，整批退貨，毫不手軟。也因此客戶衝著合隆的服務找上門。

除了找到新的商業模式，我也改善了收付款項的積習，好比票期太長、發票與貨款金額不一致，經過內外流程的突破和調整，加上小心不犯別人犯過的錯，無論什麼難題來，我專注羽毛本業，認真經營每個客戶和每筆訂單，該賺的錢就賺，該花的錢就花，一步一腳印，訂單一筆一筆陸續接到，最後台灣合隆很快就提升成為同業的佼佼者。

現在回想起來，進入合隆毛廠，沒有人教我怎麼做，但我一直在找事情做，一直在研究如何把事情做好、做成功？從那時候開始，我就知道人生的旅途中，一切事情要靠自己學，只能靠自己，不能靠別人。後來事實證明，我的人生一路走來都是這樣。

一九七九年，一句日文都不會的我，開始跟父親一起去開拓日本市場，當時台灣合隆在日本市場的占有率是零，日本市場在合隆毛廠的營業額占比也是零，我判

1979 年我與父親共同赴日，我們父子聯手打開日本市場。

斷日本市場將是台灣合隆的未來，我要求父親跟我一起拜訪日本客戶，開拓日本市場。

父親的日文說得跟日本人一樣婉轉有禮，對我來說這樣談生意不夠直接，於是我拜託父親單刀直入，好比日本客戶讚美合隆很棒，我便要求父親直接詢問客戶：「既然如此為何不跟我買毛？不要老說我好，到底買不買？」

也許是這種直率讓日本客戶感覺很新鮮，又碰上二次大戰結束之後日本需要振興產業、提高實力，許多產業都向海外進口原物料，再加工製成商品。而當時日本人開始用羽絨被，日本貿易商便大量進口原料，價錢隨便你開。當時與合隆往來的日本商社，包括兼松江商、伊藤忠、小田商社……等。

在一九七〇至一九九〇年代，台灣就靠著兩個人將台灣羽毛銷往日本市場，一個是光隆實業詹正華先生，另一個就是合隆毛廠陳焜耀，這兩家以高品質、高單價拿下日本市場訂單，購入全世界各地的羽毛進行加工後再出售。

當時日本線生意占了合隆毛廠營業額九成以上，我一年出差日本十幾趟，與兼松江商拿下日本羽毛市場的三成，同時也開始生產寢具銷往日本。除了生意往來，合隆與日本還彼此建教合作，派遣員工赴日本研習。

由於合隆羽毛生意太好了，單靠北部廠房根本供不應求，便另外在中、南部設廠，最高紀錄曾同時有七個廠在運作，包括桃園、大園、溪湖、鹽水等四個自有廠房，以及租賃的三個廠：一座龍潭廠和兩座彰化廠。

由於彰化溪湖是台灣羽毛原料的集散地，當地有許多從事羽毛業的家庭工廠或家族企業，規模有大有小，一九八三年合隆在溪湖買下一間小羽絨廠，讓台灣其他地方的工廠與上游原料銜接，溪湖廠初階處理原料後，再送往台南廠或大園廠。

除了在業績上突破，機器效率的突破也很重要。我讀的是黎明工專機械科，懂

1982 年大園廠，國外客戶來訪。

機械，剛好周德義有興趣研發，我們開始想辦法優化機器，減少加工程序，例如一班要抽三次毛，有沒有辦法一次抽好？機器的優化，讓合隆毛廠禁得起客戶的要求，也提升工廠的產值。

但是改機器的費用很高，我常被我父親唸太愛花錢，但只要我感受到做事的人希望公司成長、賺錢的心，而且他們改完的機器真的提升效率，讓客戶驚豔，我就不會要求停工，繼續挺他們改下去。

我的腳步太快，很多人背後找我父親說我的壞話，對我的意見很多，父親卻從來沒有為我說過話，我當時在心裡怪他老子不挺兒子。

有一次他跟我講：「阿耀，只要爸爸不阻擋你，你就放手去做，因為我不攔你，就是幫你，其實很多人都在背後跟我講你，我必須平衡這些老幹部及整個家族成員。」聽了這些我都沒有回話。太能幹有時候也招人嫉妒，這很正常，就是不能做錯，一做錯，馬上接受到批評。

我結婚以後，父親慢慢放手讓我去做。周德義和我一直在研發機器，我們沒有一天不在蓋工廠。

當時桃園廠空間不夠，一直加蓋廠房無法負荷，舊機器改裝也很浪費成本，於是我跟父親爭取興建大園工廠。股東都不願意拿錢出來，只好請父親去貸款，共花了兩億一千萬，負債累累。

他被我搞得很煩，常對我說：「董事長給你當好了，真不知道誰是董事長。」沒想到後來我竟然真的當上董事長。

所以我人生這齣戲，第一個要感謝的就是我父親，如果沒有他，根本不會有這齣戲。

一九九〇—一九九六：黑暗期

一九八九年，我擔任台灣合隆的副董事長，隔年，父親被診斷出羅患肺癌，只剩下不到一年的壽命。

父親知道罹癌時，已打算將財產細分好，他叫我到跟前說：「有件事情希望你明白，分股份時你會比哥哥少一點，因為股份早在你祖父過世時就分好了。你堂哥和大哥各一份，而你和哥哥同一份，但因為哥哥早出社會，打拚比你久，所以哥哥的股份較多。反正你還年輕，還有十幾年的機會，資源比較多，你應該了解。」

一九九〇年十月，父親覺得他不行了，要求變更台灣合隆的董事長。那時候，我們在家裡的圓桌，兩大體系各坐一邊，一邊是新加坡合隆的堂哥，一邊是台灣合隆的陳家和葉家，最後選我當台灣合隆董事長，因為行政業務都是我在做，我便以十三年的資歷，接任台灣合隆董事長。原本我想去香港發展，壓根不想留在台灣跟家族的人競爭，沒想到我這個在別人眼裡「名不正言不順」的二房兒子，走進家族核心，擔任台灣合隆董事長。

1990年，我接任第四代台灣合隆董事長。

父親臨終前最掛念的就是不可分家，他認為我們還沒有大到可以分家，甚至在昏迷中三次清醒，還一再交代「陳家不能分家」。

然而人心難測，父親還在昏迷中，我就被兄長緊急召到新加坡說要分家。一九九一年，父親過世，後續分家的危機、股東求現等財務問題紛紛浮上檯面，全落在我一人頭上。

成為台灣合隆董事長後，家族分家，我分到的產業都是別人沒信心、不想要的和不值錢的不動產。

當時家族企業合隆毛廠的主要營業額來自於東南亞，新加坡合隆便占了一半以上。一分家，台灣合隆資源變少，股東急著脫手變現台灣合隆的股份。而深圳廠當初建廠只建了四分之一，不知道客人、訂單在哪裡，股東感到十分不安，也不想要，我都概括承受，接受了這些不動產和生產設備。

我全照他們的期望價格支付，同時面臨日本景氣衰退，連帶讓合隆面對庫存和資源運用的問題，結果連住家、辦公室都得變賣，甚至把台南廠都賣了。

當初我拿下深圳廠時，台灣合隆的股東不能理解，他們並不了解當時台灣合隆已經連續虧損，原料和加工成本提高，而且分家後客戶都嚇跑了，都以為台灣合隆會倒，當時我身上有三億負債，就像駛入漆黑的隧道，看不到出口的亮光，只能咬緊牙關、勇往直前。

父親罹癌、分家、父親過世、合隆進入黑暗時代。還有外部環境的變化，包括大陸開放、全球競爭，台灣傳統產業魅力不再。加上公司內部的人事鬥爭、財務虧損，兩年內發生這麼多事。

一九九〇年我進入政大企家班就讀，經過三年多的學習吸收，自己大概了解，大環境一直在變，從市場的外部面來看，合隆面臨日本市場的萎縮，接下來到底要往何處走？

荒謬的是，一九九三年，我當選中華民國優良商人，台灣區羽毛輸出業同業公會在推薦函中指出：「一九九二年合隆的進出口實績達四千四百萬美元，比前一年度成長超過五〇%以上，而其出口國以日本為主，對縮減中、日兩國貿易逆差有具體貢獻。」當時還跟總統李登輝合照，看起來真是我的高光時刻。然而心裡其實有點哭笑不得，因為內心有著不足為外人道的黑暗和慘澹。營業額雖然成長超過五〇%，背後卻有更大的虧損漏洞，好比大園廠原料庫存高達兩億，總庫存高達四億，銀行貸款高達三億多。

公司開始虧損，接著就是離職潮，每個月都有人離開，業務主管陸續出走、自立門戶。自立門戶還不打緊，他們去找合隆的客戶報價，比我的報價少五%，乾脆用削價競爭，把合隆的客戶一起帶走。

我在日本羽毛界頗有名氣，如果一起加入殺價競爭，對產業、對合隆都沒好處，而且日本人會笑我，我也不願意被人家笑，於是決定退出最熟悉的舞台。

人員流失，營業額一直降，為了繼續經營，必須在其他方面及地區投資，因此需要大量資金。偏偏又遇上房地產不景氣，我開始賣工廠，賣不出去就租出去，台灣七個廠收到剩下一個大園廠，以籌措資金。

深圳廠剛投資，客戶被搶走，我沒臉回日本找回客戶，業界蜚短流長，很多謠言。當時台灣景氣很差，報紙一天到晚都是自殺新聞，公司附近的大樓每天都有人跳樓。

我也不例外。那幾年我晚上要吃比平常高四至六倍劑量的安眠藥才睡得著，壓力大到夜裡盜汗四、五次，活得很痛苦。我也曾經私下偷偷買了一把螺絲起子，磨利前端，打算用來結束兩個孩子及太太 Cherry 的性命後再自我了結，一了百了。我跟 Cherry 說了這瘋狂的想法，她答應我了。但當時彥誠已經十四歲，一定會反抗，會讓事情變麻煩，我才打消念頭。

既然如此，我不想家庭因此受到影響，決定讓太太帶著兩個小孩到紐西蘭定居，安全單純地過生活，沒想到公司開始傳出我要處理台灣資產，然後全家落跑的言論。事實上，這樣的安排是為了讓我可以專注，全心投入在工作上。

當時合隆的病癥有四：一、資產過大，負債過重，且自有資金過低；二、庫存嚴重，品質不穩；三、進貨、銷貨、存貨有問題；四、溝通不良導致管理失靈。

大園廠首要任務是重新檢討出最有利的生產規模，首先開始進行人事縮編。一九九六年起，大園廠開始裁撤第一批員工，一年內共裁撤三批員工。人事縮編後，機器開始拆解，當場報廢或賤價拋售，六成以上資產都報廢，剩下四成資產運到深圳或賣給同業，沒想到造成軍心渙散，紛紛謠傳合隆要棄守台灣。

我決定原地加蓋廠房來破除謠言，背水一戰。節流持續進行，並且提高機器產能，定期用數字來討論，確認成本是否有降低、利潤是否確實存在，結果大園廠的產量反而提升四倍。當時設廠的目的，有些有達到、有些沒有達到，對的事情趕快去做，錯的事情趕快修正，不論哪裡都要這麼做，企業才有辦法停止失血。不要失血，企業才有生命。

當初若是沒有精簡，就沒有爾後二〇〇八年的合隆百年慶，以及到目前的一一六年慶。經營一家公司跟種樹一樣，必須要定期修剪與施肥，看它到底長得對不對、有沒有蟲，要除蟲，才能維持健康，而不是放任它自由生長，就算長得很大，如果沒有養分也未必健康。

合隆做不到的，全世界也沒人能做到

回到九〇年代黑暗時期。精簡計畫發生效果之後，我開始積極開拓財源。當時日本回不去，台灣待不住，大陸又剛起步，只剩下西進美國。

其實我在美國念 MBA 的時候，就開始拜訪美國客戶，但一直沒有好成績。天無絕人之路，就在公司岌岌可危的時刻，一九九四年某天夜裡，美國 Pillowtex 跟我聯絡，說中國供應的羽毛夾雜著磚塊和石頭，洗壞三條生產線，因此轉單要合隆供應五百噸羽毛，但是裡面不要有磚塊和石頭。對合隆而言，做慣日本客戶的高標準，這個要求簡直太簡單，而且量是平常的五倍。

是這張訂單，讓合隆起死回生，奠定開拓歐美線的基礎，也比過去更懂得分散風險，不像過去孤注一擲，九成以上收入來源都在日本。

當時 Pillowtex 是美國最大的寢具製造商，它下了這麼大的一張單給合隆，我們達到他們的要求。這張單短期價值是資金進來，解決台灣合隆資金短缺的燃眉之急，更重要的是有了 Pillowtex 當客戶的背書，意外帶合隆打入美國市場。接著美國百年寢具製造商「太平洋海岸羽毛 Pacific Coast Feather」（簡稱 PCF）也找上我們。有兩大寢具廠加持，連帶提升了深圳廠的產能。

那時台灣沒有多餘的羽毛可以賣美國，只有深圳廠可以做出高水準的羽絨。有歐洲客戶聽說「合隆做不到的，全世界也沒人能做到」，從奧地利寄來一床睡袋，要求不但比例規格要合規，連鴨或鵝的毛、絨朵大小都要一模一樣。

我堅持產品線一定要有能力做睡袋，但數量不必多，幾百個就足夠，因為睡袋原料要求很高，能生產睡袋的廠商，就是羽毛界的指標，合隆這回也通過客戶需求，開始生產睡袋。

就這樣一步一腳印，合隆的觸角開始伸到歐美。而從一九九三年到二〇〇〇年間，深圳廠也因此擴張，生產線經常消化不了大筆訂單，最高紀錄曾經發了二十四家代工廠。

我並不滿足於水平擴張，為鞏固合隆毛廠的競爭力，往上、下游垂直擴張也在計畫之中。

一九九四年，合隆在德國的歐亞羽毛公司轉投資了波蘭工廠。波蘭、匈牙利的大白鵝毛非常好，投資養鵝廠可以控制歐洲的白鵝毛，後來因為採買的羽毛原料必須馬上處理，所以順勢在當地設立工廠。

這次投資讓我第一年就獲利，連帶激發我日後在河南設立華隆羽絨，便是針對擁有鴨廠的集團而合資。

親信背叛，再受重擊

中國大陸的羽絨原料占全世界的六成以上，二〇〇〇年起，我從南向北，包括江西、安徽、河南、山東和黑龍江一路蓋廠。蓋廠的標準是：哪裡有毛哪裡去，再觀察地方政府是否積極，地方政府表態對外商很重要。

其中我在二〇〇二年註冊的安徽一隆廠，可說是所有工廠的模範工廠，代表合隆投資大陸各廠的成功典範，同時因為安徽的大白鵝是合隆十二大產品線之一，為了確保羽絨原料供給充足、品質穩定，後來在二〇〇七年設立安徽合隆禽業養殖有限公司，踏入養殖業。

哪裡有毛哪裡去，2000年起，我到中國大陸從南向北一路蓋廠。上圖是2005年7月與長子彥誠至黑龍江蓋廠，在工地前合影。

2024年7月我回到黑龍江探訪，與當地幹部合影。

合隆在全盛時期，一共有七個生產基地，位於台灣及大陸深圳、安徽、河南、黑龍江、江西、山東，並擁有加拿大、德國、波蘭的關係企業，全球共有十個據點。我所有的公司沒有任何一家為其他關係企業背書，都是獨立資本。若其中任何一間發生狀況，跟其他公司都沒關係，這就是我的經營之道：一批戰艦出航打仗，縱使倒掉一半，戰力還是很強。

萬萬沒想到就在合隆在安徽完成垂直整合的同年，安徽一隆廠的張廠長陸續向銀行借了八千萬人民幣，在一年還款期限到期後，他向董事會表示沒有還款計畫，而且錢已經用完。當時八千萬人民幣對我來說還可解決，我便與彥誠和台籍董事會幹部，準備了一億人民幣現金飛往安徽，希望能完善解決。

那是一個很偏僻的山城，沒想到張廠長不但拒絕交出帳本，還癱瘓生產和出貨進度，更刻意找了黑衣人在工廠外和我們住處外叫囂討債，甚至以縱火恐嚇，彥誠和我被困在住處，不敢出門，連日常飲食都不敢假手他人。而在我們和地方政府協調當中，過去力挺我的地方政府，現在不理不睬，事已至此，一切都非常清楚，光是張廠長自己是做不出來的。

幾天下來，公司內部意見分歧，要堅守還是要放棄？我自己都拿不定主意。末後，彥誠對我說：「再這樣待下去，會出事。離開這裡，我們還是稱王，這個點我們不要了，世界這麼大，我們不必拘泥在這裡，何必苦撐？」聽了彥誠的話，又想到這段時間的求助無門，連地方政府都不理會我們，即便一時守住了經營權，或許明天又會被查水電、逃漏稅，這樣一點用都沒有。

最後，我決定放棄安徽一隆廠，回到台灣，委任彥誠去簽「降書」。

這份遭受親信背叛的屈辱，就像一把鋒利的劍，直直插入我的心中。我正面迎敵，忍痛不願倒下，卻也嚥不下這口氣，之後我每天都得靠鎮靜劑和安眠藥入睡，就算閉上眼，這些不愉快的事又一一浮現在我眼前。當外人都以為安徽一隆事件在我讓彥誠簽下降書後早已落幕，事實上，返台後我仍默默暗自後續的處理，讓事情有個正式的了結。

直到二〇一一年，最高法院才算是片面還我一個公道，這也許是義理故事的開始，也許失去的一切已是一座無法回去的空城，我仍然選擇正面心態，以正正當當的方式為這段歷程畫下句點。

這是我人生最大的打擊，比起當年分家產接下搖搖欲墜的合隆，或者一九九三年的經營黑暗期，對我的傷害，都有過之而無不及。那時，我唯一的精神寄託便是跑步，當我一步步踏著道路前進的時候，可以讓我暫時忘掉這些不愉快，感覺自己在持續向前。

至於我是怎麼走出來的，那就是下一章、另外一個故事了。

回看復盤：結善緣，我的快樂之道

我經歷過兩、三次的開源節流大動作，把公司做精簡縮編，然後重新再出發。現在回看過去在合隆的四十七年，一句話總結：置之死地而後生。

世界上沒有永恆的成功與失敗，連拿破崙、希特勒、日本軍閥和蔣介石都會失敗，我們常人失敗不足為奇。當時台灣合隆在台灣業界排名很後面，我便專精在羽毛，每個客戶和每筆訂單我都非常認真經營，沒有冗員，也不是海派，該賺的錢就賺，該花的錢就不要省，把自己做好，看別人犯的錯，我們就要小心。

我們一步一腳印，賺錢的訂單一筆一筆陸續接到，很快我們就爬到第二名。恰恰印證了《孫子兵法》說的：「昔之善戰者，先為不可勝，以待敵之可勝。不可勝在己，可勝在敵。」（編按：大意是，真正善於作戰的人，先讓自己立於不敗之地，然後等待對手給我們可乘之機，取得勝利。）

可是我們的人生不可能不敗，只是失敗後重新再起代價很高，但是拚著一口氣，人一定要置之死地而後生。如果你問我死而後生的原因？我會說是：愛。對人的愛，對合隆的愛，愛是永不止息。

記得我太太嫁給我之後，過春節的時候沒有幫傭，第一次過年在我家洗碗，懷著彥誠，肚子很大，洗碗洗到哭，因為家裡的客人真的太多了。我們家的家風就是要跟客人分享，所謂獨樂樂不如眾樂樂，影響所及，所以我們家的人際關係特別好，只要有什麼事情，大家都願意幫忙，也因為需要大家的幫忙，我們必須要去分享我們所擁有的一切。也再次證明，眾樂樂是有益於整個家族企業的發展，才有辦法凝聚所有的力量。

有很多資源可用，很好，但是真正一輩子的資源是善用仁慈，廣結善緣，懂得分享，實踐「獨樂樂不如眾樂樂」，路才會越走越寬，不要讓人家覺得你很自私，或是說你看高不看低，跟富貴的人在一起雖很好，但對基層人士也要好。

所謂「凝聚」，單單開會或者公事上是不夠的。必須要讓大家感染到家族的氣氛，大家才會全力以赴。「凝聚」用說得很容易，「眾樂樂」也很容易，但是要做到也可能要付出代價，畢竟人心難測。

經營者跟主要的幹部一定要做到眾樂樂，若是只有自己獨樂樂，所經營的企業或者當一個主管將會不成氣候。換言之，如果要成為一個成氣候的領導者，自己也要做好付出代價的心理準備，過程可能會遭遇很多的挫折、打擊、痛苦，甚至會懷疑人生。

台灣傳統產業跟高科技產業相比，資本密集和技術門檻相對低，意味著進入門檻不高，只要有客戶，就能做生意。有些員工看到公司賺錢，一定會想盡辦法也讓自己多賺一些，所以員工可能背著老闆把客戶帶走、自己賺，只要在傳統產業，一定會遇到這類事。「背叛」可以說是經營傳產的標準配備。

可是身為領導者如果不相信人，走得出去嗎？如果我們不給部屬權力和金錢，他們不會為你賣命，也看不出他們的人品。這麼多年下來，我身上插滿了背叛者的箭，如果你問我對背叛的看法，我會說：「越被傷害，越要疼愛留下來的人。」畢竟背叛我的人不是整體，而且每次經歷過背叛後都讓公司更團結。反觀背叛公司的人出走，通常風光個四、五年就凋零，可是我們合隆毛廠都活著，還活得不錯，而且順利交棒給彥誠，豈不是說明了一切？

我是一個很能忍受痛苦的人，只要給我目標，在達到目標之前，再大的痛苦我都能忍。讀研究所讀到分身乏術，大家都希望我不要再讀，但是我把它讀完；經營事業也很多次想放棄，但是我終究勉力堅持下來；我用人用得很辛苦，被所重用的人背叛、資源被竊走，即使如此，我還是會繼續疼愛更多的幹部和員工、塑造更大的願景，度量要夠才有今天。

這些經驗都是合隆毛廠的資產。我想講的是，沒有永恆的成功，即使是極小的成功，你就是成功者，但你若是堆積極小的失敗後，你就會是失敗者。商場上的現實就是這樣，我們要用實務、用數字，用現實來證明你是有能力的。

然而就算這麼努力，還是有可能白努力。我的努力之所以沒有白費，是除了努力之外，我靠我的智慧，廣結善緣、對人好，所以大家都給我機會，我才有辦法闖蕩江湖。雖然在闖蕩江湖的時候，我也曾經遇過非常壞的人，前面合隆歷史只講到幾個關鍵事件，其他吃我、坑我，占我便宜的人，多到數不清，但是人生一路走到七十歲，我算這七十年的總帳，我賺的還是比較多，我是成功的。

我不會因為這些壞人讓我對人失去信心，我到目前還是不斷的擴展人脈，跟大家廣結善緣，包括我的外籍看護，包括在醫院復健的時候遇到的病友。對人好、結善緣是一種選擇，愛也是一種選擇，並不是固定不變的性格。

我要快樂、健康的生活，就要廣結善緣，善待身邊的人，我若不去疼這些幫助我成功、甚至能夠幫助我從病痛之中脫困的人，我疼誰都沒有用。我年紀一大把了，雖然是退休、身體不好，但我還是掛念著我身邊所有的人，包括醫院的醫生、物理治療師，還有我身邊的看護跟所有的人。

我要吃得很營養、睡眠很充足，我要關心我兒子、我要關心我孫子，甚至要關心所有的廠，有新的越南廠跟緬甸廠，還有深圳廠的變更，這些東西都是我要去關心的。

雖然我兒子董事長彥誠要我別擔心，但這沒辦法，我天生下來，就需要關心很多事情，我現在還是不斷的結交新朋友。在醫院認識很多新的朋友，我也能夠理解這些病患跟病患的家屬。

我時常在講，講給家人聽、幹部聽，可是每個人總有他們各自的想法，他們不能理解我，因為他們沒有身臨其境。我也不願多談，談多了會增加大家的困擾，我就自己去尋求快樂跟健康之道。

失敗不恐怖，即使代價很高，但若變成一個裝睡的人，叫不醒，這輩子在你身邊的人可能會很倒楣，首當其衝受影響的是你的家人，而你個人的人品、人格也會影響公司，連周遭同事都會因為你而倒楣。所以我們每個人必須要善行，同時要看顧我們身邊的人。

同理，身為領導人，我們要做很多事情，每天要看我們這產業哪家公司怎麼崛起、哪家公司怎麼失敗，也要敢於研讀、研究，別人踩的坑我們不踩，我們才比較不會失敗，才有辦法賺到錢。

另一方面，假如我們把賺來的錢浪費掉，公司沒有前途，對員工相當不利。不管任何一個單位、任何一個員工，只要是虧損的，或者他在吃錢，對其他員工來講都是不對的。但假如有長期的、看得到的、能夠執行的策略，或許我們可以支持他們繼續努力，也就是說，所有的付出、代價都要清楚知道背後的理由，是為了什麼而付出？

曾經有人問我為什麼會成功？當時掰了幾個理由，事實上我自己也搞不清楚為什麼會成功。我只敢說我每筆生意都很誠懇，只要鎖定目標，緊緊咬住，絕不放棄；我也夠善良，寧可被騙也不願騙人，不報復也不給人難堪。

有句話說：「忠厚能招天下客，善良能聚天下財」，合隆與我的故事恰好為這句話作了註腳。

總裁的經營心法

1 專注本業，維持好品質：認真經營每個客戶和每筆訂單。

2 優化機器：減少加工程序，不但能達到客戶的品質要求，也提升工廠的產值。

3 不加入削價競爭：寧可退出熟悉的舞台，也不做對產業沒有好處的事。

4 精簡計畫：經營一家公司跟種樹一樣，必須要定期修剪與施肥，而不是放任它自由生長，才能維持健康。

5 分散風險，開拓財源：嚴格要求品質，打入歐美市場。

6 擴大立足基地：必須注意廣面的人脈資源，和對世界局勢的分析。

7 一步一步做好準備：把自己做好先立於不敗，再把握時機贏過對手。

8 廣結善緣：實踐「獨樂樂不如眾樂樂」，路才會越走越寬。

第2章

父子的超馬，爬出低谷、改變人生

此時此刻，我看到他的領袖特質，
我在內心暗自決定，將退下董事長的位置，交棒給他，
讓他開啟他的大航海時代。

時間回到二〇〇八年。

逆境總是一波接一波，當我走過九〇年代的黑暗時期，與團隊共創合隆的高峰後，新一波的逆境又來了。

二〇〇八年正值全球金融風暴，四月合隆最大的日本客戶無預警倒帳一千七百萬美金，每個月短少一千多萬營業額，雖然對營收是一大打擊，所幸合隆在過去這幾年經營之下，體質重整後財務狀況健全，已非當初吳下阿蒙，這次金融風暴得以有驚無險度過危機。

萬萬沒想到就在合隆百年慶舉行的前夕，我陷入人生中最大的打擊。無論在心理面或實質面，這次打擊比起當年分家產接下搖搖欲墜的合隆，或者是一九九三年雖獲優良商人卻慘澹經營的狀況，有過之而無不及——我被一手帶大的大將張廠長背叛了！

九〇年代，合隆能從黑暗中走來，當年趁搭中國大陸主導「扶貧」政策列車，鼓勵外資投資內地城市，接著中國經濟起飛，合隆在中國的布局剛好為歐美市場的大訂單提供足夠的業務產能，拉齊生產與製造的速度，在合隆逆轉勝的關鍵時間點，大大推了一把，讓合隆高速擴張。全盛時期，合隆在中國有六個生產基地。

我經常說工廠是一座碉堡，每座碉堡都是獨資興建，其中安徽一隆廠，我視為是中國工廠中的表率。安徽廠全部使用花崗岩，在硬體方面成功複製了合隆在中國的工廠，甚至蓋得比第一座深圳廠更美，成為合隆投資中國大陸的成功典範。

建廠後，我以帶人帶心的理念培養人才，比起直派台籍幹部，為了讓在地員工有發展機會，對於旗下子弟兵我也總是不吝給予且力挺到底。就跟我們陳家當年在台灣靠回收羽毛起家一樣，安徽一隆廠的張廠長，原本也是收購羽毛的小販，一年後逐漸坐大成為中盤商，最後做起三、五噸的大盤生意，甚至申建羽毛廠。該公司後來因為經營不善而倒閉，我便接收這家工廠，買下所有經營權繼續營運，我們運氣不錯，經營兩年就很賺錢，還一直擴廠。

我想我是從張廠長身上看到自己的影子，欣賞他做生意的銳氣，後來讓他成為合隆第一位大陸籍總經理。他雖然做事霸道，容易和其他員工在觀念上有衝撞，但我認為這樣的權威式管理是他能駕馭當地上千名員工的方式，也就一直力挺他。可以說，如果張廠長要一杯水，我就給他一碗茶；我相信只要以誠待人，對方一定會陪我打拚。然而，就在他坐大之後，我才知道事實並非如此，這件事也不是突發事件，他早有計畫。

張廠長從善良能幹到私心貪婪的始末，我在前一章有詳細的描述，在此不贅述。如果說九〇年代經歷的是合隆的黑暗時期，考驗我經營上逆轉勝的能耐，那麼二〇〇八年這場親信背叛，老天考驗的是我內在逆轉勝的韌性。

我從來不是一個坐以待斃的人，就算當時事件之後，我進入一段「憂鬱期」——非得要鎮定劑和安眠藥才能入睡，我還是會想辦法從憂鬱的低谷爬出來，迎向陽光。此時，讓我走出這次困境的是跑步。

走進馬拉松的世界

閒暇時，我會到郊外跑上幾圈，每當我一步步向前邁進的時候，感覺到自己不是停滯的、而是持續向前的，那些煩惱、不愉快便會被我拋在腦後，讓我暫時忘記這些壓力，讓我可以一天接著一天，慢慢地度過。

有一天，彥誠傳給我一支影片，名為「最美的奉獻：感動全世界的馬拉松父子檔霍伊特隊」（Team Hoyt）。

這支影片記錄了迪克與瑞克．霍伊特父子檔，父親迪克推著輪椅上從小罹患腦性麻痺的兒子瑞克，組隊參加馬拉松、鐵人三項等運動競賽的故事；從一九七七年組隊至二〇一六年，他們一共參加一一三〇次比賽，其中包括七十二場馬拉松和六場鐵人三項；除此之外，這對父子還在一九九二年用騎車與跑步的方式穿越美國，在二十五天裡，完成了超過六千公里的行程。

彥誠也沒有說什麼，我想他藉由這部紀錄片要為我打氣和安慰。看著影片中的父子，兒子對父親說：「爸，當我迎風跑起來的時候，我第一次感受到自己好像沒有行動不便。」我彷彿感受到彥誠對我說：「爸，也讓我們一起往前吧。」

沒多久，他便邀我參加二〇〇八年十二月二十一日ＩＮＧ台北國際馬拉松，他幫我報名九公里組，他自己則報名四十二．一九五公里的全馬。完賽後我發現他身上多了一塊獎牌，這下可燃起我的鬥志了：「你怎麼沒跟我說跑完全馬有獎牌？」

隔年二〇〇九年十二月二十日，我們父子開始一起跑全馬，以台北馬拉松為起

2008 年台北國際馬拉松是我走進馬拉松世界的開端，2009 年 12 月 20 日我完成初全馬。

點，我們在二〇一一年跑進絲路，二〇一二年跑進了世界，我開啟與兒子兩年的征途，二〇一四年完成「四大極地超級馬拉松」：從黃沙滾滾的埃及撒哈拉沙漠，到大片礫石的新疆戈壁，到地表最荒涼的智利阿他加馬沙漠，以及世界的盡頭南極冰原。與「霍伊特隊」不同的是，我們角色互換，由兒子彥誠帶著身為父親的我走進馬拉松的世界。

我們進入超馬世界要從我企家班同學信義房屋周俊吉董事長說起。他在二〇一一年贊助超馬選手林義傑「擁抱絲路」活動，林義傑花了一百五十天，從土耳其伊斯坦堡跑到中國西安，合計一萬公里。我與彥誠則擔任絲路大使，從陝西的寶雞陪跑到西安，一共跑了兩百公里，這也是我們的初超馬。

後來在一次聚餐的場合上，林義傑向彥誠和我聊起他過去跑撒哈拉沙漠的故事，吸引我們父子報名參加撒哈拉極地超馬賽事。

一開始，彥誠反對我參加，因為連他自己都沒有把握完賽，更別說要帶著我。但我想起當年當兵時成功嶺種種霸凌，我為了讓自己變強，勤練跆拳道，一九七八年晉升至貳段黑帶；為了打進歐美市場配合客戶心中的英雄形象，我鑽研馬術，一九八九年成為中正盃馬術障礙賽冠軍。我深信只要自己不放棄，沒有任何事可以擊敗我。彥誠拗不過我，我們一同報名參加二〇一二年撒哈拉超馬。

只是沒人能想到，未來這些苦行僧般的試煉，竟幫我擺脫了把鎮靜劑與安眠藥當花生米吃的日子，也從未想過，我們父子開始跑步後，慢慢建立起一種緊密的戰友關係。

原本在我印象中，在紐西蘭長大，沒當過兵的彥誠，比不過從小苦到大的我能吃苦，但是在賽事中，我看到兒子的堅韌、領導力，以及最難得的仁慈心。

二〇一二年十月二十二日啟程飛往開羅的前一天，當晚，我不禁陷入沉思。

回想起自二〇〇八年以來，外人都以為安徽一隆事件在我讓彥誠簽下降書後早已落幕，事實上，返台後我仍默默暗自進行後續難度極高的處理，直到二〇一一年，北京最高法院才算片面還我一個公道，以正正當當的方式為這段歷程畫下句點，爾後發生的事就交由上天處理。

午夜時分，我將最後一件物品收入行囊，明天過後，眼前將不再是台北的夜空，而是另一片大漠星空，我的人生也將拋開過去，為新的一頁展開新的篇章。

撒哈拉沙漠——勉強且莽撞地完賽

二〇一二年十月二十七日，起跑前一天，我和彥誠一早就抵達飯店大廳，由主辦單位為我們進行參賽者簡報和裝備勾項檢查。輪到我檢查裝備時，拿出背包裡所有東西，卻聽到旁邊有人在偷笑我們帶太多，多數人都無所不用其極減輕裝備重量，而我們父子二人的份量根本足夠一個帳篷的人使用。

檢查完裝備，我毫不猶豫地簽下風險同意書，人生某些關卡，不外乎就是在懸崖邊戰鬥，一旦讓自己猶豫，就容易從懸崖邊掉落。勝負，從起心動念參賽時已經決定。

撒哈拉沙漠超級馬拉松全長二五〇公里，全部賽事時間為七天六夜，從埃及開羅起跑，平均溫度在攝氏二十度到五十度中間。七天賽事一共有六個關卡，每十公里有一個檢查站，提供水和醫護資源，參賽者必須在一定時間內到達檢查站並回到營地，若是太晚到達，便會被判定失去資格。

沒想到第一天，起跑後一小時，我突然感覺身體不適難以前進，原來鞋子進沙了！過沒多久，連襪子也進了沙。攝氏四十度的高溫下，細沙摩擦著腳底，外加逐漸腫脹的腳腫得像包子，腳趾磨到滲血，水泡也出現，我只好綁上繃帶繼續參賽；彥誠比我更慘，痛到無法穿鞋，綁上繃帶後直接套上拖鞋前進。我在內心忍不住埋怨自己「花錢買罪受」，更多的是，氣自己沒訓練足夠體力。

第二天，我們穿著彥誠用膠帶改裝過的運動鞋，隔絕鞋子與外在環境的接觸，沙子不再磨腳。好不容易撐到接近當日的終點，我卻在高低不平的岩石路上狠狠跌了一跤，臉和腿全是傷，我聞到自己血的味道。幸好，醫生認為簡單包紮即可，並無大礙，可以繼續比賽。

我已經又累又痛，但緊要關頭最怕沒體力，即使吃不下也得把食物塞進胃裡，因為太累，所以對冷凍乾燥處理過的食物沒胃口，僅吃了兩口，我就整個反胃、吐了出來，那份頹喪和苦澀竟讓我眼角泛淚。懷著沮喪的心睡覺去，沒想到隔天一睡醒，我還是繼續去跑！

第四天是整個賽事的分水嶺，我們完全沒有喘息的空間，即將面對此次賽事的魔鬼關——八十公里的長賽段。這幾天，已經跨越無數沙丘，面對眼前如山高的沙丘還是讓我心頭一驚，非得手腳並用才能攻頂，下山更是讓人惶恐，一不小心，整個人便會陷入

撒哈拉沙漠極地超馬，於 2012 年 11 月 3 日傷痕累累地在埃及金字塔前面完賽。

沙堆裡，不但速度減緩，也有生命危險。我們連夜趕路，隔天上午九點終於完成長賽段的挑戰。

最後一天的賽事在埃及著名的吉薩金字塔舉行，賽事規則與前幾天不同，只要繞著金字塔完成剩下的十公里即可。彥誠與我很快便達成共識：千萬不要跑，因為路不好，絕對不要受傷。十公里我們很快就走到終點了。

二〇一二年十一月三日賽後，當大會人員將完賽獎牌掛到我脖子上時，我卻高興不起來，勉強且莽撞地打完這場仗，既不光榮也不踏實。

阿他加馬——認真準備卻依然狼狽

撒哈拉超馬完賽後，工作人員問我會不會再來，當下的答案是「瘋子才會再來」，但其實「再戰」的渴望一直在我體內，很快地，我們父子又報名了二〇一三年的阿他加馬沙漠賽。

阿他加馬沙漠賽，是四大極地賽事中溫差最大的一場比賽，氣溫從攝氏四十三度到零下五度。阿他加馬沙漠位於南美洲智利，號稱「地表最寂寞之處」，全長二五〇公里，總賽事天數為七天六夜，起跑點為智利聖彼得小鎮。

基於上次經驗，我們這回不但增加練習天數和頻率，還到風櫃嘴模擬實際環境中不斷上升的爬坡路段，對體力有很大的幫助。除了在訓練上有所調整，裝備也有改進，特別是食物和跑鞋，用越野跑鞋取代了普通跑鞋，同時準備好防沙鞋套，再帶五趾襪，讓我的腳趾不至於因過度的摩擦又長出大水泡。至於食物，有鑑於上次在賽道上補充的食物讓我反胃，這次改攜帶肉乾和堅果做為即時補充能量的食物，泡麵也不能少。

二〇一三年三月二日，賽事前個晚上，我們住進營地，如同遊牧民族一樣逐水草而居，體驗高原生活，果然入夜後溫度驟降。攝氏七、八度的溫度真讓人難以入睡，但為了對自己的承諾——剛強不屈的贏得獎牌——什麼苦我都吃得下去。

這次阿他加馬沙漠超馬，彥誠和我各自獨立面對賽事，第一天的地形有著大小不一的碎石，與沙地相比各有各的難處，但至少這次鞋子穿對了，步伐也踏實許多。地形克服了，倒沒想到高原地形的氣溫，熱起來不輸撒哈拉沙漠，上下坡的地形讓我直冒汗，幸好沒有無法應付的突發狀況，第一天我順利征服了不易爬行的斜坡和礫石堆，成功返回營地。

第二天，爬山是重點，剛開始我的狀況很好，彷彿回到二十多歲一樣，但是當我登向當天最高的山路，越爬呼吸越困難，越吸收不到氧氣，沒想到竟然是高山症發作！還好彥誠在出發前塞給我「藍色小藥丸」威而剛，事後我才知道，由於威而剛有選擇性擴張肺動脈的功效，成為登山客會攜帶的高山症用藥。服下半顆後，沒多久恢復正常，我再次回到賽道上。

沒想到逆境一波接著一波。中午過後，我再次感覺不舒服，甚至嚴重到在路邊嘔吐，當我來到檢查站，肚子痛到拉肚子，我雙腿痠軟，又不想因為延誤時間而被退賽，只好撐著身體往前走，走走停停來到當天最後一個檢查站，我是當天最後一個抵達營地的人，壓線過關。為什麼我會嚴重上吐下瀉？事後回想起來，這天中午跑到一半，我吃了四分之一包的花生補充體力。這些花生是我在智利買的，因為抵達智利過海關時，我的補充食物被沒收，為了達到大會規定的最低卡路里，我只好買兩包當地的花生代替。沒想到竟然是這兩包花生的黃麴毒素問題，致使我下痢，

2013 年 3 月 9 日阿他加馬沙漠賽最後一天，彥誠帶著合隆的旗子跑向終點。

當時也沒有聯想到。

三月五日賽事第三天，早上我的體力恢復，速度是在三分之一的跑者前，一切順利。到了中午我補充完卡路里後，又拿出當地花生補足卡路里，結果半小時之後，肚子再次絞痛，由於天氣非常炎熱，蹲下拉肚子等於「火燒屁股」。更讓人無奈的是，每當我肚子痛起來，除了得到路邊找遮蔽物好挖洞如廁，還得先把全身的裝備卸下來才能解放。不斷地穿穿脫脫、挖挖補補的過程，既費體力又耗時間，讓我心力交瘁。我的速度更慢了。

隨著肚子的翻騰，到最後我根本走不動。不久之後，大會的吉普車先載我到檢查站，讓我先在帳棚外等候，直到當天賽事結束，我才隨著吉普車回到飯店。這次我帶著滿滿的自信來挑戰，準備也比上一次更完善，怎會想到最後竟然是因為食物中毒而退賽，甚至比前一次在撒哈拉還要狼狽？

更讓我擔心的是，彥誠自己一個人在賽事撐著，我每天從部落格上關注著他的賽況，看著他獨力完成我無法和他一起跑完的長賽段，不禁讓我想起一九九〇年陳家分家的景況。大家都不要台灣合隆，急著脫手變現，我想辦法買下股份，獨自一人慘澹經營，當時的我就像跑著長賽段的彥誠，一個人在漆黑的賽道上煎熬。

三月九日賽事最後一天，我在終點線等彥誠完賽，看著他帶著合隆的旗子跑向終點，我深深為他驕傲。雖然當晚我只能以敗戰者的身分與彥誠一起參加慶功宴，但這次失利不會是終點，我已經準備好要參加三個月後的戈壁超馬。

戈壁——同享榮耀

值得一提的是，在這三個月的練跑當中，甚至更早之前，我發現自己的睡眠逐漸變得安穩，平常工作與生活的精神也穩健許多，我不再需要鎮定劑和安眠藥了。公務之餘，能有個不斷努力挑戰的目標，讓我心靈彷彿有了寄託。同年二〇一三年五月二十八日，彥誠和我又飛往新疆烏魯木齊參賽。即使已經第三次參賽，內心還是充滿緊張。

戈壁超馬的環境與景色多變，是我所經歷過景色最豐富的極地超馬。全長共二五〇公里，從新疆博樂市出發，高溫為攝氏四十度，低溫可低至攝氏零下二至四度。從經驗中歸納，撒哈拉的難度在於沙丘，以及沙丘地形上的熱輻射；阿他加馬的難度在於溫差與空氣稀薄；而戈壁的難度在於不斷翻山越嶺、往上攻頂。

六月二日賽事第一天，我們就向上爬了一千公尺，到了小徑上也得踩著各式各樣的石頭前進，不但得小心踩穩，還要忍受在凹凸不平的路面跑步帶給腳底的痛。過程中有一個小插曲：為了求快，我跟著一位參賽者抄捷徑，最後竟然迷路了，只好照原路回去，比按照正常路徑跑還浪費時間，果然是欲速則不達。

經過了第二天的坎坷崎嶇，以及第三天的開闊草原，彥誠和我進入第四天的長賽段挑戰，這次挑戰主要是爬過一座山。瞬間，疲累感再次出現，加上氣溫越來越低，開始起霧下雨，沒多久還下起冰雹，彥誠和我讓彼此的步伐調整到一致，一步步堅實的往上爬著。不久後，因為天氣益加惡劣的緣故，大會擔心氣溫驟降會造成身體失溫發生意外，故而派出吉普車載選手到下一個檢查點，我們父子很有默契地拒絕了吉普車，選擇用走的抵達檢查站。無奈雨勢越來越大，長賽段因此而被迫中斷，參賽者全數被移去蒙古包，等著享受隔天的休息日。

六月七日賽事的倒數第二天是休息日，這天大家吃著主辦單位準備的特產新疆拉麵，輕鬆地跑步、聊天、拍照，心裡有一份時間凝結不動的平靜。這份平靜延續到賽事最後一天，地形沒有太大起伏，跑來相當輕鬆。離終點不到一百公尺的地方，彥誠朝我招手，打算要扛我過終點線，臉上浮現「我們父子同享榮耀」的笑意。在終點線前，我坐上他的肩膀，高舉合隆的旗子，在眾人歡呼中完成比賽。

掛上獎牌的那一刻，在歷經逃命般完賽的撒哈拉、因食物中毒被退賽的阿他加馬後，這次我是真的憑實力、沒有絲毫僥倖地完成挑戰。

我還沉醉在完賽的喜悅中，主辦單位告訴我，因為彥誠和我完成了四大極地馬拉松的兩場，正式取得二〇一四年南極賽事的資格，在四大極地賽事皆完賽後也將

2013 年 6 月 8 日的新疆戈壁超級馬拉松，彥誠扛著我光榮越過終點線。此情此景震撼了在場的所有人，眾人都在搶拍這三十秒的感人鏡頭。

成為四大極地賽事俱樂部的會員。一想到可以踏上南極大陸，我內心充滿興奮，突然有個念頭閃過：全家一起去吧，這次我要帶上小兒子彥誌一起去，但他需要先完成兩場賽事才能獲得去南極的入場券。

念頭閃過之後，我心中馬上浮上一絲懷疑：「彥誌……會想去嗎？」對於小兒子，做為父親的我，跟他很不熟。

父子

大兒子彥誠出生時，公司業績正在起飛，不但生活過得好，阿公阿嬤也很疼愛，被呵護著長大。小兒子彥誌出生沒多久，阿公離世，阿嬤也已經不在了。少了祖父祖母的疼愛不打緊，當時正值公司風雨飄搖的黑暗期，我為了拯救公司忙得焦頭爛額，連小孩的玩具都捨不得花錢，絕不能浪費公司任何一毛錢，更別提有什麼父子時光。在彥誌最需要玩具的童年，我犧牲了他的玩具，對他充滿虧欠。

彥誌七歲時，台灣經濟低迷，為了孩子的發展，我將兩兄弟送往紐西蘭念書，由太太照料兩個小孩在紐西蘭的生活，我獨自一人在台灣拯救瀕臨倒閉的合降。每次探親最讓我百感交集的就是回程，每一次說完再見，下次見面又不知道在何時。十幾年的聚少離多，等我終於有錢買玩具給兒子的時候，赫然發現他們已經成長到不需要玩具的年紀。

當我得知彥誌為了償還就學貸款打工，立刻決定幫他還清學貸，沒想到他拒絕我，如同小時候一樣，不管遭受到任何挫折，從來不說一句苦，遇到困難也是默默承受著。我內心對他一直有著虧欠，隨著時間過去反而越擴越大。

我和彥誠一起跑過撒哈啦、阿他加馬和戈壁，卻從未和彥誌跑過極地超馬。由於參加南極的極地超馬，需要完成兩次其他的極地超馬賽事，當我得知彥誌要參加二〇一四年約旦撒哈拉極地超馬，就算業務再怎麼繁重，我都要一起參加。豔陽、黃沙、岩峰、尖石路，撒哈拉沙漠的種種，忽然在我腦海鮮活起來，沒有比這個更難忘的舞台，我要在此和彥誌共創美好的回憶。

二月十五日，進入開賽倒數計時二十四小時，我們準備踏上英雄旅程。在這檢查裝備的最後倒數，我開始擔心起大兒子彥誠起來。

這次賽事，他組了六個人的超馬團，再加上經驗比較資深，背負著眾人的期望，自然成為團員們的精神領袖。

極地超馬的環境險惡，不但考驗體能，更考驗意志力，一個人全神貫注都未必能完賽，更何況彥誠還要照顧第一次參加的團員？不過擔心歸擔心，身為父親和公司領導者的我，也是不會放過這個觀察他成為公司領導人的機會。

彥誠沒有當過兵，也沒有經歷過太多商場現實的摧殘。當兵磨練堅強的心智和個人精神素質的鍛鍊，商場重視與社會的連結，妥善應對各種利害關係人。我有意把合隆交棒給他，但是由於他缺乏這些人生的洗禮，

2014年2月22日約旦的撒哈拉沙漠超馬完賽，這次小兒子彥誌也一起完成賽事。

我心裡總覺得有些不踏實，又苦於無法考驗彥誠。這一次來跑撒哈拉，除了我們父子三人，還有另外三個超馬菜鳥，彥誠若能夠帶領他們穿越撒哈拉，對於他領導合隆，我會更有信心。想到這裡，我眼睛一亮！

至於我自己，前一次跑撒哈拉，完賽乍看風光，我其實一點都沒有凱旋的自豪，更多的是逃命的狼狽，完全不是靠著自己完賽，我在彥誠眼裡，也許是個拖油瓶？我得證明靠自己，也能征服撒哈拉。

這場賽事對我的意義，莫過於獨自完賽，這是我一個人的戰爭。

二〇一四年二月十六日，我的第二次撒哈拉超馬起跑，興奮的情緒沒有延續多久，我便發現因為前一天晚上下雨，沙漠變成泥濘地，每一步都舉步維艱，我得付出更大的力氣才能完成比賽。眼角瞄到彥誌跟哥哥和夥伴們嬉鬧玩耍，嘴角洩漏出發自內心的快樂，我不禁想起有多久沒見到他那麼快樂了？

老二彥誌七歲就懂得家裡的壓力，沒有同齡孩子的幼稚，反而要像大人般成熟，就算在紐西蘭求學被同學歧視也要忍耐，如果不夠堅強，他便無法在人生地不熟的異國裡生存。或許是我常談及公司的辛苦，和自己背負的壓力，無形中逼得他又更像大人，連學貸都自己扛，沉默寡言其實是不想增加父母的負擔。後來他進入合隆工作，我還是要求他像個大人，商場應對不能天真，要衡量局勢、要洞察人心，造就彥誌超齡的成熟，根本來自於父親的私心。

在跑步的悠長過程中，我經常自我對話，看著彥誌開心的笑容，忍不住開始想，身為父親的我該怎麼做，才能為彥誌找回孩子般的笑容？我沒有答案，但是我會全力以赴。

賽事進入到第五天，這天是最困難的長賽段，有一位夥伴腳底起了大水泡，而且滑囊炎發作；彥誠選擇跑在隊伍最後方，確保每位夥伴安全；而我則有我自己的節奏。到了晚上，進入到當日最困難的上坡路段。

能見度極低的黑暗並不可怕，孤身一人才令人不安。當四周陷入漆黑，周圍杳無人跡，頓生被世界遺棄的感覺。我趕上別人，不久又慢慢落後；別人趕上我，不久又被我拉開距離，不同角色上演同樣戲碼，每個人的步調不盡相同，想找一個同伴真不容易。

雖然大家心思相近，可是也不會刻意為誰配合腳步，腳步合則聚，不合則散，何嘗不是一種最自在、自然的關係？就算拋下了誰，只會被諒解，不會被抱怨，彼此都是坦然的。大多時候，我都一個人跑。

這天我過了魔王關後，離當天關門時間越來越近，卻怎麼等都等不到彥誠，我心急如焚，深怕他被淘汰，終於在時間截止的最後一刻，彥誠陪著受傷的隊友完成賽事、突破終點。他帶著受傷的隊友完賽，完成不可能的任務。

二月二十二日賽事最後一天，還剩五．六公里的山路，我們爬得苦不堪言，可是這一切在掛上獎牌的那一刻，所有的苦痛一點不重要了。彥誠因為協助隊友完賽，展現運動家精神，大會頒發給他「運動家精神獎」。

回想起參賽之前，彥誠帶領同伴整理裝備、一起練跑；開跑之後，他寧願冒著被淘汰的風險也要協助同伴，不讓他們孤身落入危險之中；完賽之後，很多參賽者熱情找他合照，他展現強大的親和力，這一切沒有一項是我教他的。

從前，我只覺得他對於困難，有著破解的智慧與無畏的勇氣，此時此刻，我看到他的領袖特質，我在內心暗自決定，將退下董事長的位置，交棒給他，讓他開啟他的大航海時代。

再戰阿他加馬，與彥誌一起

根據大會規定，需要跑完兩場超馬，才能取得跑南極賽事的資格，但彥誌還欠一場，才能拿到南極賽事入場券。於是我和彥誌兩人又在二〇一四年十月一起投入阿他加馬超馬賽事。

彥誌如此青春，像一隻精力過剩的公牛，他大多數的時間跑在我前面，不一會兒就消失得無影無蹤。原本我以為自己可以像彥誠在撒哈拉帶菜鳥一樣護著彥誌，沒想到彥誌一直沒機會讓我照顧。即便過程中彥誌的韌帶受傷，他每天還是跑在我前面，如果用速度判斷一個人的狀況，他都跑得比我快了，狀況又豈會比我差？我還是止不住擔心。煩惱，是對所愛之人的牽絆，就算兒子說了傷勢無大礙，我還是在乎。

一連串爬山涉水之後，我向大會人員詢問彥誌的狀況，才知道原來彥誌也詢問過我在哪裡，如果他沒有在檢查站遇到我，他會到處問人有沒有看到我，以便確認我的位置。如果我落後太多，他就先跑；如果我的位置很近，他就跟我一起跑。我

第一次出戰阿他加馬沙漠賽時，我因食物中毒未能完賽。2014 年 10 月與彥誌一起再戰阿他加馬。

一直以為他自己跑自己的，沒想到他一直關心我，莫名的暖流漲滿胸口。

「爸，加油，快到終點了！」彥誌在某一日的終點等我，暖流再次漲滿我的胸口。溫熱的手掌，親暱的呼喊，人才是最美的風景，阿他加馬怎樣的奇山異水都難以匹敵，彥誌才是阿他加馬最讓我期待的景致。

一天晚上，彥誌已經睡熟，我看到他背包上掛著一個樂高積木人，積木人的表情痛苦而掙扎。為什麼彥誌背包上的飾品，不是英雄、不是神明，也不是可愛人物，而是個表情痛苦的小人？我的心彷彿被扎了一針，然而這痛楚好像是自作自受。我發現，我不懂彥誌在想什麼。為什麼我不知道孩子在苦什麼？

過去，我的目光一直在老大彥誠身上，忽略了彥誌。對我而言，彥誠不只是兒子，更像是永遠不會背叛的戰友。我將無盡的愛給了第一個孩子，帶他上玩具店、出國旅遊；長大後，彥誠陪著我去中國打拚事業，與我征戰世界，更在我低潮時與我共同挑戰超馬。我和彥誠有太多回憶，隨口說一段事蹟，就能讓大家知道我多以彥誠為榮。

那麼，彥誌呢？

除了血脈相連，回憶竟是如此單薄，陌生得只讓我想起他七歲時，父子兩人靜靜在田間散步的時光，我的忽略，造成我倆十幾年的記憶斷層，對於彥誌來說，他的父親在他前半生是缺席的。

我一直放彥誌在異國浮沉，在他遇到困難、最需要幫助時，我從來不在他身邊，他只能獨自承受世界對他的傷害，無人求援，哭泣也找不到人安慰，沒有為他擋風遮雨的父親，反而充滿一條條被孤獨刻劃的傷痕。我以為自己至少是九十九分的父親，事實上卻是六十分及格，沒讓彥誌餓死罷了。他的「父親」不是真實存在，而是空洞的名詞。

看著彥誌的睡臉，我紅了眼眶，就在眼淚溢出時，我用力睜大眼睛，不讓眼淚流下來。男人不可以哭，我要從現在開始陪伴彥誌走過每個階段，不再當個缺席的父親。

第五天，再次面對阿他加馬的魔王關，彥誌還是獨自跑走了。就像在這次超馬所顯現，彥誌總是獨力處理自己的情緒和生活，這是我從小對他的要求，而他做到了，堅毅的在風雨中成長，我曾以此為傲，現在卻感到後悔。我要怎麼做，才讓彥誌知道我是可依賴的父親？

每當我問他需要什麼幫助，他都要我別擔心，保證自己一定能完賽，便句點我們的

2014 年 10 月二度出戰阿他加馬，想好好照顧彥誌，卻沒有這個機會。

2014 年 10 月 11 日，與彥誌一起完成阿他加馬超馬賽事！當他把我扛到他的肩膀上時，我們獨享這父子二人的片刻。

對話。我陷於被動，他也無法主動，非但不主動開話題，就連關心我也要詢問其他參賽者。我越想越失落，等孩子大了才去尋求親暱，會不會為時已晚？想到此，我的步伐無力，只好停下休息。

我渴望彥誌在乎我，突然內心有個小小聲音升起：「可是我有在乎他嗎？」答案是否定的。我的行為一直偏心在哥哥身上。雖然我心裡明白，手心手背都是肉，可是彥誠年紀較大，長年與我在事業上並肩作戰，所以我的目光一直望向同處戰場上的彥誠，而冷落了彥誌。

「我會完賽的，因為南極是你贊

助的。」彥誌如此說。他對一同上戰場如此期待，我一定要回應他的期待。今後，無論我在哪個戰場，我都要帶上彥誌，不只撒哈拉和阿他加馬，還有南極、大峽谷、亞馬遜，一起征服世界每個角落。我不會再忽略彥誌，也不再讓任何人忽略他，我要讓他知道，他同樣是我的驕傲。

彷彿聽到我的話，彥誌在賽事最後一天破例沒有獨自狂奔，快到終點的時候，我們一起從背包裡拿出公司旗亮相，兩人張著旗子走完最後一程。一跨過終點線，彥誌興奮地把我扛起來，就像小時候我把他扛在肩上那樣，只是現在我們角色對調。

「下一次，我們去南極吧。」我說。

「一定！」他開心地揮舞雙手。我不禁在心裡暗笑，傻孩子，別說是南極，只要你想，天涯海角我都帶你去。

南極——找到人生的寶藏

南極，是地球上溫度最低、風力最強、平地海拔最高的地方，為了抵達南極，我們父子三人在二〇一四年十月二十九日飛抵地球最南端，來到被稱為世界的盡頭的城市——阿根廷的烏斯懷亞（Ushuaia），再搭船行經德雷克海峽前往南極洲。這裡沒有阻擋西風和南極環流的陸地，常有風暴產生，可謂是世界上最危險的海域。越是險峻的環境，越能激起我滿腔熱情，再凶暴的海域都不能阻止我。

南極超馬距離比另外三大極地超馬短，六天五夜的天數也比其他少一天，平均氣溫在攝氏零下十七度到二十度之間。這次不睡帳篷而是住在遊輪上，規則也和其他超馬不同。大會每天會依照天候、氣溫等狀況，把參賽者從遊輪載到不同的島嶼，讓參賽者在

2014年11月1日，我們父子三人在南極與企鵝群合影（企鵝是後方的黑點）。

島上繞圈跑，並依照進度改變路線，來豐富賽程的地形變化。先從小圈圈跑到大圈圈，每一圈約三到五公里，從平地跑丘陵、從山路到攻頂，隨著粉紅色引路標誌的轉移，路線的難度也會跟著改變。

我默默跑著，堅實的岩地不知不覺間銜接到鬆軟的草地，我時而眺望海面冰山，時而瞥向雪山，最吸引我的莫過於這裡的四大名產：企鵝、海豹、信天翁和海鷗，在雪地裡跑了好一陣子，各種動物生態行為讓我目不轉睛，我看著動物，牠們也在觀察我。

漸漸的，我發現有點不對勁。我竟然在零下的環境裡中・暑・了！

原來，包得密不透風的禦寒衣物，因我的汗水濕透了，然而汗水吹不乾，熱氣散不掉，此刻的我彷彿置身在蒸籠裡，又怕汗水結成冰產生凍傷，所以不敢脫外套。因為身體是熱的，吸進來的空氣是冷的，體內外溫差太大，身體出了狀況，我竟然視線模糊，看不到周圍的人。

還好，在彥誠、彥誌的守護下，我用著他們的暖暖包和備用手套，順利換上乾爽衣物，逐漸恢復視力，狀態恢復後跟彥誠閒聊起來。

「爸，科技變得好進步，如果以前阿公阿嬤說要帶你到南極跑步，你一定覺得不可能。」彥誠說。

「那個年代哪有可能到南極？」我說。

「所以我們比阿公阿嬤幸運，可以一家人到南極跑步，」彥誠接著說，「以後我也要帶你孫子到南極跑步。」

平常我們交談的多半是公事，很少聊到心事，面對彥誠難得的感性，我感到意外不已。彥誠想要帶孩子到南極跑步，是因為他覺得現在我們一起跑步是幸福的嗎？身為父親，我追求的不就是這種父子間的親暱？「不只帶孫子來跑步，我們要三代一起來！」我忍不住說。回頭想跟老二彥誌說說這個想法。

彥誌專注地處理雪地的障礙，無暇注意到我，他跟過去一樣，跑著自己的路；這已經是我跟他一起跑的第三場超馬，我仍然不知道如何跟他拉近距離。我一邊思索著跑步對我自己的意義，一邊努力抬起埋在雪裡的腳，繼續與冰雪抗爭。

跑第一圈的時候，體力還很充沛，雪地雖然辛苦，倒也難不倒我。可是當我跑到第五圈時，雪坡剝奪我大量體力，再加上南極海拔高、空氣稀薄，我感到暈眩，

2014 年 11 月，父子三人一起挑戰南極超馬，無價！

原本以為暈眩很快就過去，沒想到像海浪一樣襲來，讓我身體開始搖晃，突然一陣暈眩襲來，我失去平衡，「砰！」一聲倒了下去。

一直跟在後頭的彥誌趕上來，蹲在我旁邊，遞給我他的手杖，我倔強地撥開彥誌的好意。他沒說什麼，默默地在旁邊陪我休息，直到腦中的暈眩真的退去了，視力恢復，才決定站起身子，繼續未完的征途；沒多久，彥誠也回過頭來看我怎麼了。望著他們兩焦急的神情，我心裡充滿溫暖。那一刻我終於了解到，我追尋的寶藏不是獎牌，而是與孩子們相互扶持、情感交流的時光，當下我真實感受到，孩子們與我的心緊緊相連，再無距離。

由於天氣惡劣的緣故，我們的南極賽事最終完成七七．七公里。

十一月九日這天拿到完賽獎牌。我體驗到跑步是一段自我的追尋，像是尋寶人的直覺般，我總認為跑步能帶給我什麼，而且每段旅程確實帶來改變，特別是這趟南極賽事，我終於體認到，原來人生的寶藏就在身邊。

完成南極賽事，登錄四大極地英雄榜（The 4 Deserts Club）多拿到一面獎牌，獨特美好的經歷更深深烙印在我生命中，我永遠記得這趟難忘的父子三人之旅。

獨自挑戰超馬

二〇一四年十一月，兩個兒子彥誠、彥誌和我完成南極超馬之後，我和彥誠就完成全球四大極地超馬的世界登錄。看起來事情圓滿完成，但是我心中還有個想完成的目標：到大峽谷去跑超馬。

為什麼要去跑大峽谷？原因很簡單，大峽谷的岩石和壯麗的風景跟世界四大極地馬拉松又是不同的景致。我已經跑過七場超馬，我想，第八場跑個大峽谷應該不會太困難吧？於是我和彥誠、彥誌報名參加二〇一五年九月的大峽谷超級馬拉松，此次的主辦單位不同於過去四大極地超馬賽事，里程為二七三．七公里，而不是二五〇公里。

計畫參加大峽谷超馬的時候，我心想都已經完成登錄了，準備時對於裝備也沒有花太多心思，因此有點掉以輕心。跑超馬身體上的挑戰第一關要克服的，就是腳會發脹、會腫，於是我從家裡拿一雙大兩號的、上一次比賽跑剩下的跑步鞋。雖然當時心裡有想到應該要帶再大一點（至少大兩號半到三號）的鞋子，但是一時輕忽沒有重新買。

結果一開跑，第二天腳就腫脹，因為鞋子太小，腳後跟被磨開了，整雙鞋子都是血，每天都很痛很痛，但我還是忍住痛，跑到第三天，最後因為腳痛，再加上速度太慢，超過了大會時間，被大會判定失格。全長二七三・七公里的大峽谷超馬，我完成一八八・七公里，沒有完賽。內心很挫折。

二〇一六年，我出版記錄跑超級馬拉松的第二本書《擊敗心中要你放棄的聲音》。有一次在跟朋友聊天的時候，聊起我的書，朋友不經意提到：「你這些超級馬拉松好像都是跟你兒子一起跑的？」

當下我聽了心裡很不是滋味。我心想，你沒有跑過超級馬拉松，別說超馬，連半程馬拉松（二十一・〇九七五公里）都沒參加過，才會這麼說。我兒子又不能背著我跑，超級馬拉松全程都是我自己一步一腳印跑完的。朋友言下之意在酸我，沒說出口的意思是：「你哪有那麼厲害？還不全是因為有你兒子。」我心裡很不服氣！

後來我再次報名二〇一六年撒哈拉超級馬拉松，其實撒哈拉超馬已經跑過兩次，

2016 年 5 月第三度參加納米比亞撒哈拉超級馬拉松，這次是我獨自參賽。

第一次從埃及，第二次從約旦，第三次再跑，連我自己都覺得有點蠢。偏偏我就是嚥不下這口氣，明明跑馬拉松別人無法幫忙，但是還是有人質疑。所以這次我決定自己報名，一個人去納米比亞跑。

當時是二〇一六年五月初，再次挑戰納米比亞撒哈拉超級馬拉松成功，便想著回大峽谷去完成未完成的任務。於是相隔四個月之後，九月再次挑戰大峽谷超馬。

更瘋狂的是，我老頭子一個人單槍匹馬，賽前花了六天，從西雅圖騎哈雷重機到大峽谷，挑戰二七三．七公里的超馬成功後，再花四天把車騎回西雅圖，來回總共騎乘近六千二百公里。

2016 年 9 月的大峽谷超馬，景致壯麗，沒有兒子在側，我獨自完賽！

這段期間我的身體狀態一直都很緊繃，回到西雅圖後，身體一放鬆竟然累癱、動彈不得。但此次跑步雪恥成功，還完成騎重機來回大峽谷，也讓我增加一筆新的記錄！（騎車的故事在下一章分享。）

父子的超馬，意料之外的感染力

二〇一七年五月，我跟彥誠、彥誌去跑夏威夷火山超級馬拉松。英文名稱叫做Mauna to Mauna Ultra 2017，屬於超級越野馬拉松（Trail Marathon），全長二五〇公里的距離，賽道不但橫跨夏威夷大島，而且橫跨十一種氣候類型，從火山地形到沙漠地形，天氣特別多變，號稱全世界最難跑的多日馬拉松賽事。

整個過程超乎我想像的艱難，前三天都是大雷雨，異常艱辛。夏威夷超級馬拉松最後完賽後，大會頒給我一個「最佳精神獎」，因為我在所有參賽者中花了最長時間完賽，用了七十五小時，大約是冠軍的三倍時間。

當我跑進最終路段的時候，全場的人都站起來為我鼓掌。評審介紹我的時候說：「陳先生的精神值得尊重，一位六十多歲的先生參賽，他花最多時間完賽，沒有放棄。」

任何比賽當然跑第一名最好，但是我們常常忽略了，比賽最主要的是能夠完賽。特別像超級馬拉松，敢報名就很偉大了，但結果如何，很多時候我們無法預料。

二〇一七年的夏威夷超級馬拉松，在我經驗裡已經是最困難的了，沒想到跑完之後，我聽說還有一個號稱全世界最難跑的馬拉松——阿根廷的巴塔哥尼亞（Patagonia）超級馬拉松。

二〇一七年十一月的巴塔哥尼亞超級馬拉松，全長二五〇公里，分為六個賽段，在

2017 年 5 月的夏威夷火山馬拉松我得到最佳精神獎，獲得一個很有特色的獎座。

阿根廷巴塔哥尼亞高原裡的納韋爾瓦皮國家公園（Nahuel Huapi National Park）。這個地區的地形險惡、地勢陡峭，因此邊界甚至不需要派軍隊。而這場馬拉松的路線更殘暴，賽道環繞著許多屬於安地斯山脈的山峰，海拔超過二千公尺，地形多樣，比賽會經過森林、穿越冰川，跑過碧藍的湖泊。

當年我六十三歲，太太跟朋友都叫我不要再跑了，說我年紀那麼大，已經跑了這麼多超馬還不夠嗎？但我哪聽得進去這種話？越是說我年紀大，我越要去挑戰完賽！

這次過程還挺順利的。我不會再掉以輕心，一個人順利完賽，才不會又被別人說是靠我兒子。

隔年二〇一八年我六十四歲。小兒子彥誌還沒拿到四大極地馬拉松賽事的完賽證明，他還沒有登錄，尚欠一場蒙古戈壁的超級馬拉松，於是我找了彥誠和義大利乾兒子，我們三個一起陪他去跑蒙古戈壁。

讓我來為大家上段地理課。戈壁沙漠就是金庸小說《大漠英雄傳》裡面的「大漠」（編按：《大漠英雄傳》後更名《射鵰英雄傳》），地理上的分布涵蓋中國新疆東部、

2018 年 7 月參加蒙古國境內的戈壁超級馬拉松，穿過美麗的自然景致。

2017 年 11 月 Patagonia 巴塔哥尼亞超級馬拉松，地形多變，我謹慎以對，順利完賽。

河西走廊西部，和蒙古人民共和國境內。

二〇一三年六月，我們完賽的路段是中國新疆賽段的戈壁超級馬拉松，這一次二〇一八年七月，我們挑戰的是蒙古國境內的戈壁超級馬拉松，總長二五〇公里，賽事一樣是七天六夜。

整趟賽事非常辛苦、非常好玩，景致也非常「未開發」，途中時常在大馬路上看到卡車撞死牛、撞死馬。蒙古人屬於遊牧民族，牲口都是放牧。

那一年我六十四歲。披頭四有一首歌叫做〈When I'm Sixty Four〉（當我六十四歲），英國六十五歲屆齡退休，這首歌描述六十四歲的人想向周遭人士證明自己還有能力有所貢獻，很接近我當時的心境。人生有一個階段，就是為了證明自己有能力，想多做些什麼事情。

這次跑蒙古戈壁，義大利乾兒子感觸很深，他跟我們分享，如果沒有我們這群台灣夥伴，他不會去參加超級馬拉松，因為他的家族不會一起參與這樣的活動。事實上不只我乾兒子，很多參賽者都向我表示，羨慕我跟兒子一起跑，年輕人也羨慕有個健康父親可以跟著一起跑。

完成蒙古戈壁之後，彥誌也完成四大極地馬拉松的登錄，我們陳家三個男性都登錄了四大極地的英雄榜，成為真正的超馬家族！我的超級馬拉松旅程也算告一段落。

跑步教我的事

總結二〇一一年到二〇一八年，這七年間我一共跑了十三場超級馬拉松，於我而言，跑超馬最大的體會不在於個人成就感的堆疊，反而是親子關係的建立和強化。

我們在路上遇到許多跑者，他們無論年輕或年長，都曾向我們表示，父親希望帶兒子來跑，兒子則希望跟父親一起來跑。

這是我當初沒想到的效應，原本是想透過一場場艱困的旅程和挑戰，重新建立修復我與兒子的關係，順便看看他們未來接班的能耐，沒想到默默發揮了影響力，感染其他跑者也要與自己的父母一起完成某件任務。

透過馬拉松，我學習與孩子相處。圖為 2017 年 5 月夏威夷火山超級馬拉松。

我們會發覺，感覺很遙遠的親子關係，實際上沒有那麼遙遠，拉近彼此的心，沒有那麼困難。

我在跑步中學到的事物，就跟路上的風景一樣，我不刻意抱著學習的心態進行，而是在無法預知的未來中看見驚豔的風景，也從中拾得了人生的寶貴體悟，讓我變得更開朗，不但擺脫了安眠藥和鎮靜劑，體力也越來越好，增加自己對身體的自信。

我越來越能明白，有了充沛的體力，困難的事也會變得簡單，讓我更樂於嘗試新事物。除了極地超馬，後來我還參加重機車隊，騎著哈雷橫跨北美，盡情奔馳在美國傳奇之路六十六號公路上。

然而這些跑步教我的事情中，我最大的體悟莫過於，眼睛只能看見表面，唯有停下腳步用心體會，方能察覺到世界的實相。

過去，我的時間一向留給事業，時間有餘裕，我會留給家人，從未想過把時間留給自己。開始跑步以後，我的心開始享受平靜時光，透過身體與風的對話，我學會用心體會周圍，不但眼睛打開了，看見過去看不見的風景，更進一步了解自己的孩子，學會親子相處之道。

誠如文章一開頭提到的影片「最美的奉獻」，是父親推著兒子圓夢，我們陳家參加超馬，是兒子挺身守護父親，在相互扶持中，彼此成為生命中重要的存在。

彥誠、彥誌對我而言，是一百分的兒子，我不禁也想問問我父親：「在您心裡，我是幾分的兒子呢？」無人回答我的問題，只有合隆招牌閃閃發亮，默默地訴說著答案。

總裁的經營心法

1 當生命陷入低谷時，可以找尋其他目標和活動去努力，而我則是選擇用跑步面對逆境，爬出低谷。

2 透過超馬活動中與人的互動，觀察接班人的領導力。

3 停下腳步用心體會世界，開始把時間留給自己。

第3章

交棒之後的重機壯遊，實踐渴望已久的夢

有些人只有夢想，不會行動，
他們選擇了夢想，沒有真正聚焦實現夢想。
當夢想時刻來臨時，我會立刻分析可行性，
馬上付諸計畫和行動，逮到機會去實現夢想。

我跟彥誠、彥誌兄弟倆跑完南極超級馬拉松之後，便了解該是時候交接了。孩子已經不再是孩子，他們年輕力壯，而我也到了該退場的時候。我應該要把合隆毛廠交給他們。從那之後，我便開始計畫我的退休生活。

退休不意味退出社會，而是另一段旅程的開始。至於公司，則是彥誠成為董事長，進入駕駛座，駛進新的旅途。

騎重機的夢想此時在我腦海中迴盪。我的重機夢萌芽於二〇一一年，前一章提過，當時林義傑的「擁抱絲路」活動，最後七天行程邀請戶外運動愛好者共同參與，一起完成最後的兩百公里。在活動前的訓練上，我遇到政大企家班二十一屆的學長佟德望，他當時是台灣哈雷機車的負責人，發現我有重機夢，很快就安排我去上重機安全訓練課。

當我二〇一五年計畫退休時，五月十七日馬上就在台北敲鐘買下我人生第一部哈雷。因為在台灣享受到哈雷的美妙，隔年二〇一六年六月，我再度鐵下心在美國買下最好的一部 Harley-Davidson CVO Road Glide。

騎重機遊歐洲，貼近當地風情

二〇一五年六月，我正式宣布將於十月把合隆毛廠交給彥誠。那一年國際羽絨羽毛局的年會在歐洲召開，當時有位台灣的同業知道我在騎哈雷，便找了歐洲有騎重機的兩位同業一同規畫年會後的重機之旅。我們從南法騎到義大利，再騎回南法，四天約騎乘一千六百公里。

二〇一八年五月，我跟兩位歐洲夥伴再次安排四天的重機之旅。這次我在瑞士租了一台哈雷，我們從義大利北部卡伊拉泰（Cairate）出發，進入瑞士，沿途經過列支敦斯登、德國南部，停留在奧地利薩爾茨堡，然後再次前往瑞士，騎行經過 Unbral 和 Stelvio 隘口，抵達海拔二七六〇公尺高的 Cima Coppi，經過瓦爾泰利（Valtellina）返回義大利。從五月二十五日至二十八日，四天全程騎行約一千五百公里，我深深感受歐洲的美，筆墨難以形容。

透過這些重機之旅，我才真正體會到原來歐洲那麼大，真正領略到歐洲各國的美。以往遊歐洲都是跟旅行團，旅行團行程普遍安排到知名景點走馬看花，沒有細細品味當地風情，騎重機遊歐洲讓我從不同的視角好好品味歐洲，重新刷新我對歐洲的觀感。

我最早接觸歐洲是在一九八〇年代，當時對歐洲的印象很模糊，到西班牙時看到當地的一切，覺得西班牙怎麼那麼落後；到了葡萄牙，又覺得當地人個子怎麼都那麼小，整體印象跟我之前想像的先進國家差異很大。直到多年後我到阿根廷，才知道這些歐洲國家原來那麼厲害，西班牙跟葡萄牙面積不大，只好往南美洲發展，在那時代他們的航行能力其實超越英國。

我的歐洲重機旅行也到過義大利，原本對義大利的印象停留在二戰戰敗國。之前去

2018 年 5 月，與夥伴騎行在歐洲山間，公路蜿蜒，景色壯闊美麗。

過威尼斯，我一直以為威尼斯是威尼斯，義大利是義大利，兩者是完全不一樣的地方，也沒有留下特別印象，後來才知道威尼斯是義大利的城市。旅遊都是去這種大景點。

騎重機到義大利的時候，我騎車經過當地隧道，這個隧道連接兩座山之間，穿越過了隧道，面前出現一片湖，湖面非常寧靜，我停下來望著湖面和山景，那份美麗不是我原本能想像的。

講這麼遠其實是要說，過去長年以來我跑過那麼多國家、飛了那麼多里程，都是為了公務而去，對於當地的風土民情，都是很粗淺的認識。這次歐洲的重機之旅，讓我體會到騎車旅行很能貼近當地風情，會湧起一股說不出的深度情感。

重機環台，帶著獨特情感

有了騎重機深入地方風土的體驗，之後便開始啟動我的重機之旅。從二〇一五年起到二〇二二年受傷回台灣動手術，這七年間，我一共在全世界環繞大大小小至少十三次重機旅行。

前面提到二〇一五年的歐洲重機之旅讓我大開眼界，其實，機車之於我總帶有一份獨特情感。

我雖是二房之子，從小跟父親相處的時間極為有限。小時候對父親最深刻也最幸福的記憶，是坐在爸爸的摩托車上，風從身上掠過，帥氣的父親就在身後護著我，很有安全感。

那時候是四〇、五〇年代，我六、七歲，台灣還沒有很多人有汽車，有摩托車已經很不錯了，我爸爸還是騎進口摩托車，生活條件算在小康以上。

那時流行約翰．韋恩（John Wayne）的西部牛仔電影，我很迷他，最愛看約翰．韋恩出現，發揮正義、解決壞人。每次爸爸帶我去看西部片，結束之後爸爸騎著車載我回家，我坐在摩托車的油箱上，看完電影的激動情緒尚未平復，我想像自己是約翰．韋恩硬漢上身，假想自己是騎在馬上的西部牛仔，興奮地叫我爸騎快一點。我得意洋洋地坐在摩托車上，一腳踏著油箱，一邊揮舞著手臂，好像騎著馬，搭配著摩托車的引擎聲，一路呼嘯而過。

父親摩托車的油箱上是我的專屬寶座。這張珍貴的老照片是 1960 年 1 月 2 日，與父母攝於陽明山的路上。

我人生第一台重型機車 Honda CB360。

小時候父親會騎著摩托車載我出去，我對摩托車有著特殊的情感。

一九七七年，我剛到合隆毛廠上班當業務，從基層做起，負責拿打好的樣本去給客戶看，當時沒有能力買車，唯一的交通工具就是摩托車，有必要的時候我一天可以從台北走省道到桃園工廠，來回騎三趟。

我當時是騎光陽的風神一〇〇，那年冬天做出一點成績後，去買一台二手的本田重機（Honda CB360），這是我人生第一台重型機車。

回到二〇一五年。我買了哈雷機車開始退休人生之後，騎車的意義也輕鬆許多，體驗許多過去從未看過的台灣景色。

二〇一五年我加入哈雷赤馬車隊，某次我從歐洲回來當天，因為時差睡不著，就在車隊群組上提及我要騎車環島，問有沒有車友要一起，原本以為會有一群人加入我，沒想到沒人回答，我就決定自己單槍匹馬去環島。

那次台灣環島是我在台灣的第一次重機壯遊。

沒有人一起，我才發現我跟台灣有多麼不熟，最熟的路線就是機場、公司、工廠和我家。現在要環島，就帶著導航器，用 Google Map，一路導航，從台北、宜蘭到花蓮。花蓮市中心紅綠燈多，重機又重，不停地騎騎停停，很辛苦。接著又繼續

1978 年，與 Cherry 在陽明山的馬槽。當時入手我人生第一台重機 Honda CB360。

1977 年的冬天，剛認識 Cherry 時我的代步工具是風神 100。

從花蓮騎到高雄。

當初不知道距離那麼長，邊走邊玩，從高雄到台中的時候，我跟車友們說我人在台中，他們就騎車到新竹香山的7、11海天門市迎接我。他們不相信我一個人可以連續騎重機二十三小時，為了我的安全，還跟著我騎回台北。騎到八里往台北的快速道路上時，我幾乎快睡著了，一路都沒休息。

其實，騎重機環台最常做「一日環島」（簡稱「日環」）的挑戰，這種騎法重在速度，特別是配速很重要。騎士們要在台北一個地標照個相標示為起點，然後上路，接著一路要在固定的地標打卡拍照，例如在蘇澳、太魯閣、佛光山／旗山糖廠、台中港、台北港等地拍照打卡，同時要記錄車上里程數。

按照「日環」的邏輯環島，路線規畫都是騎外圍，平均大約花十六到十七小時可以完成。重機環島不能想停就停，跟超馬一樣，要一口氣完成一天的路程。而我第一次環島笨笨的，搞不清楚狀況，邊走邊玩，騎到宜蘭一不留意就轉入宜蘭市內。環完台灣一共花了二十三小時，統計下來大約騎了一千兩百多公里。後來我又日環一次，就熟門熟路了。

「日環」是台灣重機騎士熱烈追求的目標。然而我個人沒那麼喜歡日環，我比較喜

2015 年 10 月至花蓮參加「騎士烏托邦」大會師活動。

載著太太馳騁在北宜公路，真是太帥氣對吧！感謝攝影師幫我拍攝具有紀念性的追焦照。

歡漫遊好好感受周遭風景。

我參加的車隊每年會舉辦環島旅遊，時間不長，往往是匆匆忙忙的。比如四天三夜的行程會住花蓮、墾丁、台南，三天兩夜的行程住台東、嘉義。過了彰化後，空氣品質不好，我們便較少停下來。

至於我個人騎重機，喜歡從陽明山陽金公路上去，只要從城市一進入陽明山，我便覺得全身暢快輕鬆，然後到金山，沿著海岸線騎非常非常的漂亮，年少時騎摩托車的回憶被喚起，整個人都忍不住年輕起來，渾身上下滿是朝氣與雄心！

環島若從台北開始，一定是從北宜公路上去，往瑞芳騎，那裡開始有環島路線的指標，逐漸脫離台北市，一旦脫離台北市，便進入山林裡。現在因為雪山隧道開通，所以大卡車少了很多，可以按照自己舒適的速度穿梭在山林之間。

我最喜歡的路段則是花蓮、台東，花東海線最舒服，邊騎車邊聽著七〇、八〇年代美國西部鄉村音樂，想像自己化身為牛仔，尤如一九六九年美國西部電影《虎豹小霸王》（*Butch Cassidy and the Sundance Kid*），與一群夥伴騎著馬漫步在荒野上，在山邊或在峽谷，充滿自由和正義感，說多帥有多帥，再怎麼累都不怕。

我在美國買哈雷，騎進原野

重機環島之後，我覺得這不夠刺激。那時候我的髖關節已經不好了，偏偏聽車友們說，騎重機的人都有一個夢想，有一個朝聖之路，那就是美國六十六號公路（Route 66），我怎麼能不去？

六十六號公路，又名「美國大街」、「母親之路」（Mother Road），曾經是

美國六十六號公路是重機騎士的朝聖之路，2016 年 7 月我從芝加哥騎到洛杉磯的 Santa Monica，從此愛上北美重機之旅。

美國的主要幹道，從芝加哥到洛杉磯，途經伊利諾州、密蘇里州、堪薩斯州、奧克拉荷馬州、德克薩斯州、新墨西哥州、亞利桑那州以及加利福尼亞州，全長二四四八英里（三九四〇公里）。

在州際公路興起之後，六十六號公路的重要性逐漸被取代，利用率因而降低，在一九八五年正式從美國國道系統中刪除。

第二次世界大戰期間，因為加州與軍備生產相關行業的發展，更多的人通過六十六號公路向西遷移，這就是所謂的「西進」（Go West）。五〇年代，六十六號公路成為去洛杉磯度假者的首選路線。

六十六號公路橫穿佩恩特沙漠（Painted Desert），毗鄰大峽谷，又途徑亞利桑那州的隕石坑，使得當地旅遊業迅速發展，這一現象又轉而促進了各種新興行業的興旺。

當時我在美國沒有重機，重機和裝備是在全球最大的摩托車租賃連鎖 EagleRider 租的。二〇一六年七月我跟著車隊，花十三天騎完六十六號公路，橫跨八州、三個時區，最後抵達聖塔莫尼卡海灘（Santa Monica State Beach），這一路的風景真的太美了。

有了這次長途騎車的經驗，我變得天不怕地不怕，在那十三天的六十六號公路重機

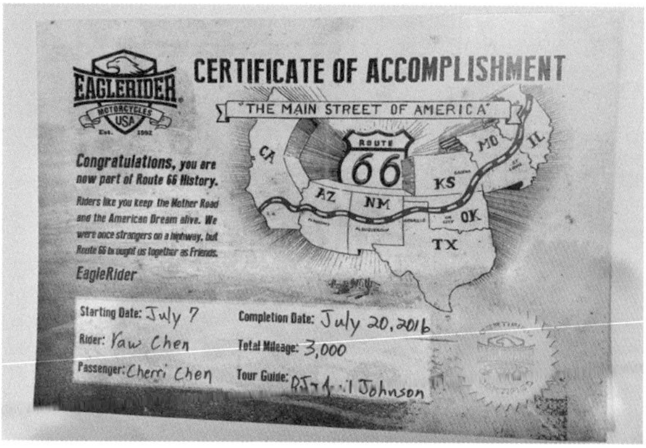

2016 年 7 月，我用十三天騎完美國六十六號公路，得到一張證書。

2016 年我在西雅圖買了一台哈雷，量身訂作，只屬於我。

之旅中，我把美國的交通規矩、騎車潛規則，都摸得很熟。所以很快地，我開始規畫下一趟的美國重機之旅。

在二〇一六年，我第二次去跑大峽谷超級馬拉松的前夕，我大手筆在美國西雅圖買了一部哈雷，還是哈雷頂級的 CVO 系列（Custom Vehicle Operation），完全量身訂作，價格是當時美國哈雷系列最貴的，但是這個價格等同於台灣售價的一半。

我在騎重機環繞美國的時候，對美國人的人情味印象非常深刻。

我很入境隨俗，住的都是公路旁邊非常普通的汽車旅館，每次停留，其他車友或同旅館的住宿朋友，看到車牌是華盛頓州（車子是在華盛頓州的西雅圖買的），就會和善地跟我打招呼，問我是不是來自華盛頓州？聽到我說我來自台灣，他們都非常驚訝，接著好奇地問東問西，輪流展示彼此重機的照片。

有一次我要停車的時候，風很大，我沒站穩，車子被吹倒，看到我的車子倒了，周圍的人自動靠過來要幫我把車扶起來，關心我的情況，很熱情而且樂於助人。我在美國遊歷的時候，真心體會到美國為什麼會是這麼多人的夢想，它的包容度和多元，足以容納任何人。

這也是騎重機的獨特樂趣，可以深入接觸到民間基層，不是平常我工作上看到那些光鮮亮麗的豪華樣貌，而是普通老百姓的日常生活。

小時候（大概是一九六〇至八〇年代），我心目中的偶像除了我父親之外，就是約翰・韋恩（John Wayne）、史提夫・麥昆（Steve McQueen）、保羅・紐曼（Paul Newman）、勞勃・瑞福（Robert Redford）等一眾美國傳奇影星，他們詮釋的西部牛仔的狂野性格，和鏡頭下的西部生活風土，是我追求的夢想。

環騎北美，我實現了美國人的夢想

騎完六十六號公路之後，我做了件現在想來很瘋狂的事。我的第二趟美國重機之旅是在二〇一六年九月十四日到十九日，從西雅圖騎車到大峽谷，單程超過三千公里的路程，我只花了六天的時間騎完。接著我停放好重機，九月二十五日至十月一日開始跑總長二七三公里的大峽谷超級馬拉松。完賽之後，隔天明明還累得半死，我卻沒休息，又馬不停蹄從十月二日至五日花四天的時間、騎三千多公里回到西雅圖。

這一趟行程，我把自己搞得非常疲累，行程結束之後，我在床上躺了兩天才搭機返台。

接下來我的心越來越大，我開始跨越美國跟加拿大。二〇一七年八月，我自行規畫騎美國、加拿大的西海岸公路，整個路程一共約一七六〇公里，花了六天、將近兩倍的時間。騎了那麼久，是因為剛好遇到加拿大森林火災，空氣很汙濁，沒怎麼玩就回程了。

2017 年 8 月，騎行美加西海岸公路，沿途景致壯麗。

這兩趟經驗讓我有了很強烈的自信，無論是獨自騎車或者外在環境的掌握，我相信自己都可以掌控全局。加上超級馬拉松也跑得差不多了，我青少年時期的夢想開始湧上心頭，我想去實現另一個偉大非凡的夢——環騎美國一周。

當我把這個點子分享給美國客戶的時候，他們立刻反應道：「怎麼可能？美國那麼大，你要怎麼走？」我這個人就是禁不起激，只要目標設定，什麼事情都能挑戰。我心想，騎重機有什麼困難，總比跑超馬簡單，於是和助理 Kimiko 開始著手策畫環騎北美之行。

二〇一七年的十一月二十二日我在美國

從我騎車的視角看出去，公路景致非常遼闊。

西雅圖和朋友談及此事，他的建議是，德州六月很熱，六月過去會中暑，比較合適的時間是春天，從西雅圖一路往南到加州，由東往西，經過德州，到佛羅里達州之後再往北。為了避免天氣因素無法成行，朋友建議我想去要快點去。沒多久我就動身了。

整趟行程是我和在台灣的助理 Kimiko 進行滾動式調整規畫而成，我每天抵達目的地時，將騎乘的里程傳給她記錄，並規畫好後兩天的目的地，由她幫我訂飯店。出乎我意料的是，沒有想到行程走得那麼快，二〇一八年三月二十日我就從西雅圖出發，一路往南騎，約一週就到德州，天氣不會太熱。

這一趟環騎北美的旅程，經過那麼多地方我才知道，每個地方的風情都不一樣。有一次我已經騎很久的車了，才從洛杉磯下 San Diego I-5 高速公路，進到 Midtown District、East Village 這兩區，就彷彿到了另外一個世界，好像闖入難民營，真的把我嚇一大跳。天氣很熱，路旁每個人都衣冠不整，甚至衣不蔽體，他們住在帳篷裡。就像是電影裡演的流浪漢場景一樣，大家住在路邊搭帳篷，不論裝什麼都用一個碗，身體很髒。

看到這樣的場景，縱然我見過那麼多大風大浪，騎車到這裡之後我仍是一動都不敢動，車子不敢停，連安全帽都不敢拿下來，以免讓人看出來我是亞洲人，如果看到我是外國人，不敢想像會有什麼結果。我也不敢騎太快，騎得很小心翼翼，繞過去一個轉彎就馬上上高速公路。

經過那一次，我才知道，美國那麼大的一個國家，風土民情差異非常大，不深入其境，還真不知道美國有這樣的地方。

但是當騎到聖地牙哥的時候，我感覺自己像置身在電影《捍衛戰士》中的場景，藍天白雲，美麗的金黃色沙灘，海水浪花輕拍岸邊，加州的帥哥美女漫步其中，陽光灑落在四周的房屋和草坪上，這景致真是太美了。

二〇一八年四月七日早上，我正準備從紐約出發前往下一站沃特敦（Watertown）。前一天晚上，我打電話給多倫多的工作夥伴 Bryan Pryde，跟他說我人已經到紐約，預計兩天後會抵達多倫多，沒想到他告訴我：「現在北部包含多倫多，正在下暴風雪，你千萬不要再騎了，先停留在紐約就好。」

但是我心想，我人都到了紐約，依照我的計畫，到多倫多只剩下八百多公里，在沃特敦住一晚，兩天就可以抵達多倫多。以我跑過超馬的經歷，我認為騎著重機，這天氣對我來說應該不是問題。最後我沒有聽 Bryan 的話，四月七日一早還是依照原定計畫從紐約出發，沿途經過斯克蘭頓（Scranton），到賓漢頓（Binghamton）都下午了。

那時天黑得很早，從賓漢頓要往雪城（Syracuse）的路上，天色已逐漸變暗，並開始下起毛毛雨。當我路過雪城的時候，天氣竟然由下雨變成下雪，而且夾帶著狂風，是暴風雪。

當時我心裡非常慌。又是狂風，又是暴雪，再加上天已經暗了，能見度非常低，所以我開起機車的閃爍燈。本來我考慮當晚先停留在雪城，但在暴風雪的日子，天色已晚，臨時要訂飯店可能會非常困難，於是我堅持冒著風雪繼續往前騎。

騎乘的過程中，我再次感受到哈雷重機絕佳的穩定性，在暴風雪的天氣，我竟然有辦法穿過暴風雪與陣雨。騎著騎著，天氣漸漸沒那麼惡劣，我總算順利到達沃特敦的 Hampton Inn 飯店。

回想起那一段在暴風雪下騎乘的路段，雖然我的機車握把有加熱的功能，但是在低溫和強風的雙重夾擊之下，即使有戴手套，手還是凍到受不了。我的重機坐墊也有加熱的功能，那時候我每騎一分鐘就要換手，先把一隻手放在屁股跟坐墊間加熱，一分鐘後再換另一隻冷得要命的手，在這個狀態下騎了大約一小時，總算到達飯店。

到達飯店後，我不打算跟加拿大聯絡，因為我認為他們絕對會阻止我騎過去。但是，只剩一天路程，若不騎過去，停在這裡，後續車子的處理會很麻煩。所以第二天我還是跨過加拿大界，經過金士頓（Kingston）往多倫多前進。

一路上雖然下著雨、下著雪，但是風景非常漂亮，可惜因為當時太冷，地又滑，我不敢多作停留，也沒有停下來拍照。我就這樣一路騎到多倫多。

老天保佑，當天非常幸運，我在傍晚總算到達多倫多的落腳飯店 Homewood Suites。我馬上通知 Bryan，告訴他們我抵達多倫多了，他們不敢相信我竟然有辦法在暴風雪的天氣下騎車到多倫多。

因為暴風雪的關係，後續的行程只能先在多倫多暫時喊卡，要等春天過後才有辦法繼續。於是我麻煩芝加哥的朋友先將重機載回美國，等六月天氣比較好的時候再繼續完成環北美的夢。

天候因素而暫停環美行程的這段時間，太太 Cherry 看到我前半段的環美行程：從西雅圖南下至加州聖地牙哥、往東至邁阿密，再一路向北，非常嚮往，所以加入我最後四分之一的環北美行程。

二〇一八年六月二十五日，我和 Cherry 飛抵芝加哥，到大急流城（Grand Rapids）的朋友家住了幾天，六月二十八日我們夫妻倆就騎著重機回到多倫多，繼續最後四分之一的旅程。

我們花了十天從多倫多騎到西雅圖，前面九天都是在加拿大境內。沿途經過加拿大的草原三省：曼尼托巴省（Manitoba）、薩克其萬省（Saskatchewan）與亞伯達省（Alberta），才知道什麼叫大山大水。

從多倫多出發，我們前兩站停留在休倫湖邊的 Blind River、蘇必略湖邊的 Rossport，親眼見識世界上最大的淡水湖群，這素有北美地中海之稱的五大湖，果真名不虛傳。

接下來幾天，我們陸續在 Fort Frances、Winnipeg、Regina、Lethbridge 等地停

留。其中我們印象最深刻的地點是七月二日停留的加拿大 Fort Frances，我們抵達時已經是傍晚了，那天晚上住在很郊外的地方。

晚上我跟 Cherry 要吃飯，但是又找不到好的餐廳，就去詢問飯店的人。飯店人員告訴我們，直直走到河邊有一間餐廳，我們依照他的建議到達了餐廳。餐廳比我們想像的更簡陋，牆面用木板釘成，屋頂是鐵皮鋪的，更好玩的是跟大陸的路邊攤一樣，是使用塑膠製的桌椅。在那邊吃飯的客人，穿著是鄉下牛仔風格，身材也很粗壯。

廚房裡的員工是大概是從墨西哥來的，很友善。我跟 Cherry 點個非常簡易的牛排，就像家裡煮的一樣。我們邊吃邊回顧今天的行程，除了路上風景依舊漂亮之外，似乎沒有其他特別出色的點。但是當我們要離開餐廳的時候，服務生向我們招手，告訴我們往另一扇門走，外面的風景很漂亮。

我和 Cherry 走去，打開門，面前出現一條河，當時剛好夕陽西下，落日餘暉灑落在河面上閃閃發光，一幅寧靜的大自然風景畫映入眼簾，這就是歲月靜好的畫面吧。

2018 年 7 月環騎北美途中在加拿大 Fort Frances 停留享用晚餐，餐廳外的夕陽景致真的是太美了！

第七天七月六日，我們到達加拿大歷史最悠久的班夫國家公園（Banff National Park）。這裡是 Cherry 一直夢想前往的景點之一，景色跟紐西蘭的皇后鎮有點像。二〇一七年八月的加拿大重機之旅，我們原本想要前往，沒想到遇到加拿大森林大火，只好作罷。慶幸這次剛好經過這裡，能夠好好欣賞洛磯山脈的冰山與遊覽區的美麗景致，也完成了 Cherry 的夢想。

這趟環北美旅途我也真正理解到，為什麼美國人喜歡開車、騎車到加拿大，而加拿大人喜歡開車、騎車到美國，因為山跟湖就是這兩個國家天然的地理界線，沿途的風景非常漂亮，欣賞這些美景讓人身心舒暢。

離開了班夫之後，我們在 Kelowna 和 White Rock 兩地停留。值得一提的是，這次旅程還發生一段小插曲，當我從加拿大要進入美國邊境前，我騎在幾部摩托車後面，騎著騎著看到前面有警察，我不以為意，沒想到竟然只有我被攔下來。我詢問警察為什麼攔我，他說我超速。我心裡覺得不公平，因為大家速度都一樣，為什麼只有我被抓？但我心裡也很高興，至少我這次環北美的最後一站，加拿大警察開了一張罰單給我，讓我增加一份環北美的「紀念品」，也證明我環北美是來真的，連警察都幫我作證。

2018 年 7 月 8 日，環騎北美的小插曲：我因為超速，被加拿大警察開罰單了！

Cherry 也幫我拍下被警察逮到超速的照片，增添一筆有趣的回憶。

這趟橫跨北美的壯遊，我終於知道什麼叫做平原，真的是一望無際，原本我以為嘉南平原已經夠大了，經過這一趟，看遍山景湖景，才真的體會到什麼是大山大水的壯闊。這趟旅程，我用三十二天合計騎了 15,109.7 公里！

二〇一八年環騎北美洲之後，很多美國車友都跟我要路線。他們不相信我竟然辦得到，他們告訴我，許多美國人都夢想著要這麼做，但是沒想到美國人夢想做的事情，美國人沒有做到，台灣人卻做到了。更何況，一般環繞美國這種壯遊，通常會組成一個團隊，除了騎車的騎士，還會有後備車隊，以免路上萬一遇到什麼突發狀況，可以立刻排除，但是我單槍匹馬完成了。我跟車友們說我住哪個飯店都可以提供給他們參考，以後要同樣環繞美國的車友，就不用那麼辛苦從零開始安排路線，他們可以踏著前人的足跡，走同樣的路。（我的環北美詳細旅路請見第 176 頁）

難忘的哈雷週年活動

同年八月底，哈雷一一五週年慶在哈雷總部所在地密爾瓦基舉辦一系列活動，吸引了全世界的哈雷重機車友聚集到哈雷的聖地一同慶祝。

當時有許多車隊規畫套裝行程，也可以說是朝聖之旅。我先參加美國EagleRider的行程，於八月二十四日至二十九日共六天，從佛羅里達州的邁阿密騎到密爾瓦基。

這期間我也認識了來自世界各地的哈雷重機迷，還有從阿根廷、從巴西騎車而來的騎士，大家都為了這場盛事遠道而來。

一一五週年活動的重頭戲是九月二日的大遊行。那一天整個密爾瓦基封鎖起來，全世界的哈雷重機迷騎著重機在路上集結、繞行城市一周，路上有許多寫著Welcome Home的牌子，路旁的人也像在慶祝國慶一般，熱情地向我們揮手，歡迎我們騎著哈雷機車回家，那場盛會是我人生中非常難忘的經驗。

大遊行結束後，我繼續跟著台灣的車隊進行密西根湖環湖之旅，騎了四天車，最後從芝加哥返台。當期的哈雷雜誌也刊登了台灣騎士的相關介紹，能夠讓全世界看到台灣的騎士，我們覺得非常光榮。

環騎北美行程結束後，我把完整的地圖傳到我的重機車隊「赤馬隊」的群組中，

2018年7月6日、7日來到班夫國家公園，這裡是Cherry一直夢想前往的景點之一。

隊友幫我登錄到台灣重機車隊的紀錄裡。

台灣的哈雷車友每年十月會舉辦大會師活動，二〇一八年十月二十七日，在台中麗寶賽車場舉辦的哈雷烏托邦狂熱晚會中有頒獎典禮，我竟是第一個上台領獎的人，哈雷特別頒給我一個環北美的獎項，很開心能獲得這項殊榮！

順帶一提，二〇二二年，我受邀擔任台灣代表，拍攝哈雷 H.O.G.（Harley Owners Group）Virtual Rally Asia 2022 影片，雖然影片只有短短幾秒，說幾句與哈雷相關的台詞，對我來說也是非常特別的經驗。

壯遊美加，夥伴扶持

跑超馬的時候，我思考很多接班的事情；騎重機的時候，我反而不會想太多。也許因為已經完成接班，哈雷車上可以放音樂，加上美國風景真的很美，心情真的很放鬆，我騎車都在看風景、沉澱心情，體驗美國文化。

騎重機時，小時候看約翰・韋恩西部片的感覺都回來了。電影裡的風景，如今歷歷在目，現在我也都還常聽六〇、七〇年代老歌。

二〇二二年九月，脊椎手術前的最後一次重機之旅，同樣是橫跨美國和加拿大，從加拿大騎到美國的藍嶺山脈（Blue Ridge）。

我騎重機橫越美國的事情，慢慢傳到加拿大朋友圈，他們有些人是在加拿大工作但持有美國護照，有些人則在美國工作但持加拿大護照，特別是我加拿大公司的經營者 Bryan，跟我情同兄弟。這些加拿大的好朋友們知道我騎重機壯遊，也紛紛加入我的重機之旅。

我和 Bryan 有一組朋友，Stevan Schmid、Sam Knowles 和 Martyn Knowles，他們也騎重機，但不一定都是騎哈雷。每次我們騎車就是沿途去找其他夥伴，大家陸續加入，人越來越多。我們一起騎著重機，就像牛仔一樣，在加拿大跟美國的邊界遊山玩水。這畫面就像是以前的美國西部，大家的住處都相距不遠，某個季節到了，就一起去打獵、一起去玩；當社區裡有壞人時，我們要去抓壞人，大家騎上自己的馬，一路去找第三個、更多個夥伴，裝備弄齊全，然後一起奔馳而出。從前的牛仔文化不就是這樣？

路途中我們經過北卡羅萊納州的迪爾斯峽（Deals Gap），有個地方名叫「龍尾」（Tail of Dragon），路段不長，在僅僅十八公里的路段中就有三一八個髮夾彎，是全球知名摩托車勝地，台灣北宜公路的九彎十八拐相較之下真是小巫見大巫。

二〇二二年九月這趟美加重機之旅前，九月四日我先從西雅圖租車，開到芝加哥附近的大急流城準備騎我的車，七天共開了 3,877.6 公里。沒想到車子的巡航定速功能故障，所以我的右腳必須一直踩著油門，讓我已開過刀的右髖關節跟右膝蓋非常的疼痛。我當時一直認為開車跟騎重機是造成我腳痛的原因，也認為日後應該可以恢復，萬萬沒想到是因為脊椎跟頸椎壓到神經，而且神經已經開始壞死。

休息三天，九月十三日我騎重機到多倫多與朋友們會合，再花三天騎到藍嶺山脈。在北卡羅來納州騎車的最後幾天，我的髖關節無力、臀部肌肉也無力，經過這麼久的騎車震盪，肌肉整個鬆掉，髖關節的神經就卡死了。經過三天休息，腳的情形沒有改善，我和好朋友們一直在商量該怎麼辦。我希望他們依照原定計畫騎回去，我則改搭飛機，但是他們堅決幾個人來，就要幾個人回去。

原本他們想把車子都放在美國的北卡羅來納州，我們一起搭車回去。但是他們

2022年9月，在手術前，與一群志同道合的車友一起騎車壯遊美加，在眾人扶持下，我順利走完行程。左起分別是 Stevan、Sam、我、Bryan 和 Martyn。

都是上班族，為了配合我來北美的時間，已經特地請假安排這趟旅程，若是讓他們這樣回去實在太掃興了。我是硬漢，不能因為我個人因素就破壞夥伴們的旅程，這是團隊精神、是團隊感，再痛，我也要咬牙撐下去，因此決定一起完成旅程。

當時我已經雙腳無力，整隻腳都麻了，騎車的時候我還是試著做可以做到的，我可以煞車、可以排擋，但是沒辦法停車、倒車，雙腿因麻痹已經無法打彎。夥伴們知道我的狀況，只要一停車，夥伴們就立刻過來協助我，幫我倒車，幫我拿行李，不讓我負擔太重。

就這樣，眾人一路扶持著我，我們全隊一個都沒少，重新調整路線，從九月二十一日花了四天，同進退，一起騎回多倫多。

這趟旅途用十二天完成，總計騎了4,213公里，一路非常的辛苦，但也非常的感激，這些人印證了美國早期開發時代的同袍精神。

回到加拿大，我住在Bryan家裡，根本沒辦法走路。我當時拍了段影片，看過就知道我當時都在硬撐。他家的臥室在二樓，我上樓梯得用兩隻手和兩隻腳變成四條腿去爬樓梯。

老天真的是考驗我，小兒子彥誌在那時邀請我參加他加拿大新家的入厝儀式，身為他的父親，我一定要參與這重要時刻。其實我的身體已經痛到不行，在加拿大看了醫生，還在彥誌家住了十天左右，期間也跌倒過兩次，忍著痛到入厝儀式的隔天，我馬上飛回台灣。

一回到台灣，台北榮總陳威明院長立刻幫我安排了神經外科黃文成主任的門診，準備開刀。幸運的是，幾次手術下來，一切順利，接下來便開啟我一連串的復健旅程（我在下一章將詳細述說這段開刀、復健的心路歷程）。

有的朋友看我現在行動不方便，以為是因為什麼意外造成的。都不是，我不會怨懟自己年紀大了，我不會一直問「為什麼會這樣」，一切都是自己的選擇，我選擇跟著夥伴們完成旅程，選擇承擔騎重機造成的震動，並且願意付出代價。

十三趟的重機壯遊至此算是告一段落，雖然比不上古巴革命英雄切．格瓦拉（Che Guevara）騎完摩托車後，啟發他投入革命，終身投入社會運動，對我而言也是人生重要的印記。

我其實還有一個夢。我想在春天從深圳開車到上海，轉入北京，然後到黑龍江，到黑龍江之後經過內蒙，然後到雲南、廣西，最後再回到深圳。後來因為這個旅程變數太大，有些路段必須要申請、路況多變而且不夠現代，以及我感覺整個旅程會滿寂寞的，所以這個計畫仍然停留在夢想階段，到現在還沒有實行。

接受困難與挑戰，過有意義的人生

十三趟的重機壯遊結束，我對人生和生活有了許多體悟。

最深有感觸的是，我對夢想有不同體會：夢想是拿來實踐的，而不是拿來想像的。環遊北美是很多美國人的夢想，美國人老是說「有一天我要環遊美國」，但是有些人只有夢想，不會行動，他們選擇了夢想，但是沒有真正聚焦實現夢想。我不一樣，當夢想時刻來臨時，我會立刻分析可行性，馬上付諸計畫和行動，逮到機會去實現夢想。

其次，我學到什麼事都要有事前規畫，就連明天早上要吃什麼都要計畫，不然會有點混亂。美國太大了，不像台灣走到哪裡什麼都買得到，而我們台灣人總是一定要喝喝咖啡、喝喝茶，美國一些鄉下地方的咖啡對台灣人來說不會覺得好喝。所以出差到美國時，我都會帶台灣烘焙的咖啡，早上來杯香醇的咖啡，才是一天的開始。能夠事前計畫的就先計畫，旅途中才能全心投入享受旅程（enjoy the riding）。

更重要的是，有事前計畫和準備，有助於提升駕駛的安全，除了我到後期髖關節不舒服之外，我沒有出任何意外。

回顧我的人生，小時候我雖然讀書過程不算順遂，但是到最後能讀到政大企家班，認識那麼多優秀的同學；還賺到了錢，當到國際羽絨羽毛局（IDFB）的技術委

我跑過超馬、騎重機壯遊，人生過得精彩。圖為 2017 年 8 月騎行美加西海岸公路時的途中風景。

員會主席；我的客戶都很大，跟日本大商社做過生意，美國客戶 Pillowtex 在紐約證交所掛牌上市。

該去的地方我都去過，該打的仗也都打過，只是還沒到天堂而已，至少我的人生了無遺憾，隨時都可以走。

每個人都希望自己的人生過得一帆風順，但這是不可能的。人必須要經過辛苦地學習與成長，就跟跑超馬或重機壯遊一樣，過程中會遇到很多困難與挑戰，這些困難與挑戰造成的折磨不是短期，而是長期的，而且考驗會一個接著一個而來，沒有停止的時候。

在長期的困難跟折磨中成長，才

能練就很好的功夫，變得越來越強，就跟少林寺的武僧一樣。

每個人都對成功、快樂及幸福有欲望，但是在滿足這些欲望之前，你必須抱持著正面的心態來看待這些逆境和挫折，打從心底願意去接受這些挑戰，才會成長，才能前進。假如我們一直在抵抗或不滿這些挑戰，長期下來的折磨可能會讓你活在憂鬱中。

人性雖然都有黑暗的陰影，但也有強烈的往上求生的欲望，所以我們會追求成功，求生是生物本能。不是百分之百的人都能成功，但我們要立志超過一百個人，比一千個人、一萬個人、十萬個人，甚至是一百萬個人成績都好。要怎麼超過一百萬個頂尖人物呢？我的經驗是要比這一百萬個人更禁得起長期的折磨，你要不間斷地學習、成長，你的人生才是人生，這樣的人生才有意義，而不是渾渾噩噩地過一生，這樣沒什麼意義。

人必須經過長期的折磨，就好像一棵樹，在樹林中歷經長期的風吹雨打，經過數十年、百年、甚至千年，才會成長為根深葉茂的大樹，這是我的人生哲學。

總裁重機壯遊的私房TIPS

自從我重機環繞北美回來以後，超多美國車友向我詢問路線圖等相關資訊，在此特別整理一份私房注意事項，提供給有興趣從事重機壯遊的車友們參考，得以少花冤枉錢、少走冤枉路。唯其中多為我個人體驗和偏好，僅供參考，真正有效的經驗，還是要視情況而定。

Q：長途重機旅行必備設備？

A：插電熱水壺、鋼杯、餐具，還有一些泡麵。

沒有一個地方像台灣一樣到哪裡都有便利商店，有時候重機騎著騎著不知道會到哪個荒山野外，時間又很晚了，你累得只想立刻躺平，隔天早上沒有東西吃怎麼辦？所以要準備一個插電熱水壺、鋼杯，然後來碗泡麵。在此一定要讚美一下台灣泡麵，到哪裡都能就地滋生幸福感，吃完立刻就能精神飽滿上路。

多數重機的置物空間很大，其中因為哈雷機車是巡弋功能最好的，置物空間也最大（我的哈雷可以裝差不多一百公斤的物品），你可以放很多東西，扣除電熱水壺、鋼杯、餐具和泡麵外，還可以揹上雨衣、盥洗用品、衣物、吹風機等你認為要帶的東西。就好比，未必每個人都覺得刮鬍子是必要的，有些人就不刮鬍子，而我自從服完兵役之後，養成每天早上刮鬍子的習慣；即便在跑超馬的時候，剛開始跑超馬的時候我也不刮鬍子，可是怎麼不刮都感覺不對，後來跑超馬的時候，到最後相對輕鬆的路段，我會用簡易刮鬍刀刮鬍子，不然真的不習慣。其他人或許也有自己非這樣不可的習慣，記得一起帶著上路。

Q：是否需要像超馬一樣事前訓練？

A：體能的訓練我覺得還好，騎摩托車旅行基本上可以騎騎停停，隨時都可以停下來休息。我倒是覺得要能夠獨處，很多時候都是自己跟自己相處，如果喜歡熱鬧或無法獨處，長途重機旅行對這樣的人而言會很辛苦。

另一個需要事前有心理準備的是交通規則。比方說美國有一個停止標誌（STOP sign）在交叉路口，就算沒有車也一定要停，在台灣到了十字路口若沒車沒人，很多人就會直接衝過去。在美國如果沒有停車而直衝，會被重罰。

二〇一八重機環騎北美足跡

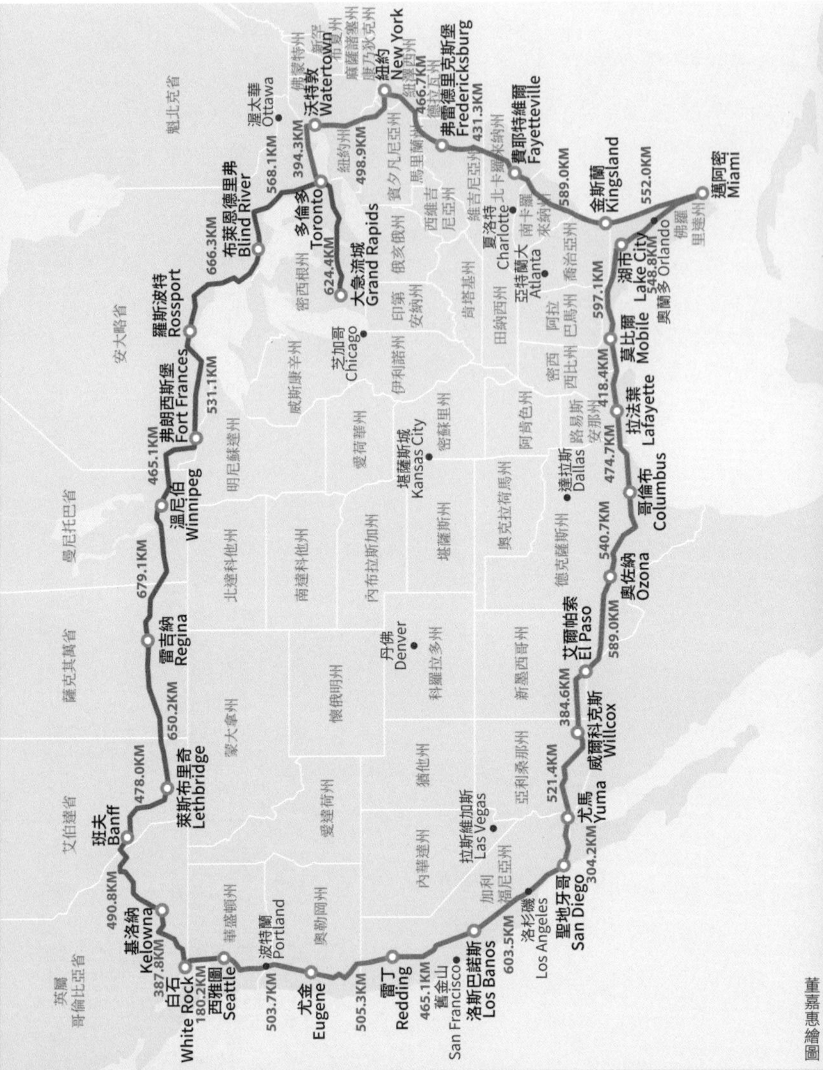

2018 年 3 月 20 日至 4 月 8 日（地圖藍色路線），以及同年 6 月 28 日至 7 月 9 日（地圖紫色路線），共 32 天，騎乘里程合計 15,109.7 公里，我完成重機環騎北美的壯遊。在此提供路線和沿途居住的飯店（下頁）以供參考，以後要環繞北美的車友，就不用那麼辛苦從零安排了。

DAY	DATE	FROM	TO	Act. KM	Hotel
1	2018/3/20	Seattle, WA	Eugene, OR	503.7	Best Western New Oregon
2	2018/3/21	Eugene, OR	Redding, CA	505.3	Best Western Plus Twin View Inn & Suites
3	2018/3/22	Redding, CA	Los Banos, CA	465.1	Best Western Executive Inn
4	2018/3/23	Los Banos, CA	San Diego, CA	603.5	Courtyard by Marriott San Diego Del Mar/Solana Beach
5	2018/3/24	San Diego, CA	Yuma, AZ	304.2	Hampton Inn & Suites Yuma
6	2018/3/25	Yuma, AZ	Willcox, AZ	521.4	Holiday Inn Express Hotel & Suites Willcox
7	2018/3/26	Willcox, AZ	El Paso, TX	384.6	DoubleTree by Hilton Hotel El Paso Downtown
8	2018/3/27	El Paso, TX	Ozona, TX	589.0	Hampton Inn Ozona
9	2018/3/28	Ozona, TX	Columbus, TX	540.7	Holiday Inn Express & Suites Columbus
10	2018/3/29	Columbus, TX	Lafayette, LA	474.7	Fairfield Inn & Suites by Marriott Lafayette I-10
11	2018/3/30	Lafayette, LA	Mobile, AL	418.4	Homewood Suites by Hilton Mobile
12	2018/3/31	Mobile, AL	Mobile, AL	0.0	
13	2018/4/1	Mobile, AL	Lake City, FL	597.1	Hampton Inn & Suites Lake City
14	2018/4/2	Lake City, FL	Miami, FL	548.8	Delray Beach Marriott
15	2018/4/3	Miami, FL	Kingsland, GA	552.0	Fairfield Inn & Suites by Marriott Kingsland
16	2018/4/4	Kingsland, GA	Fayetteville, NC	589.0	DoubleTree by Hilton Hotel Fayetteville
17	2018/4/5	Fayetteville, NC	Fredericksburg, VA	431.3	Best Western Fredericksburg
18	2018/4/6	Fredericksburg, VA	New York, NY	466.7	Hampton Inn & Suites Newark-Harrison-Riverwalk
19	2018/4/7	New York, NY	Watertown, NY	498.9	Hampton Inn Watertown
20	2018/4/8	Watertown, NY	Toronto, ON	394.3	Homewood Suites by Hilton Toronto-Oakville
21	2018/6/28	Grand Rapids, MI	Toronto, ON	624.4	Homewood Suites by Hilton Toronto-Oakville
22	2018/6/29	Toronto, ON	Toronto, ON	0.0	
23	2018/6/30	Toronto, ON	Blind River, ON	568.1	Lakeview Inn
24	2018/7/1	Blind River, ON	Rossport, ON	666.3	Rossport Inn Cabins
25	2018/7/2	Rossport, ON	Fort Frances, ON	531.1	Super 8 by Wyndham Fort Frances
26	2018/7/3	Fort Frances, ON	Winnipeg, MB	465.1	Fairmont Winnipeg
27	2018/7/4	Winnipeg, MB	Regina, SK	679.1	Delta Hotels by Marriott Regina
28	2018/7/5	Regina, SK	Lethbridge, AB	650.2	Sandman Signature Lethbridge Lodge
29	2018/7/6	Lethbridge, AB	Banff, AB	478.0	Mount Royal Hotel
30	2018/7/7	Banff, AB	Kelowna, BC	490.8	Wingate by Wyndham Kelowna Conference Centre
31	2018/7/8	Kelowna, BC	White Rock, BC	387.8	Ocean Promenade Hotel
32	2018/7/9	White Rock, BC	Seattle, WA	180.2	
			Total	**15,109.7**	

Kimiko 製表

第4章

從痛苦中重生，無盡感恩的復健旅程

我是一個天不怕地不怕的人，
過去曾在沙漠背著重重的背包往沙裡踩、騎重機衝過暴風雪，
現在竟然從早上下病床就一定要有人扶著。
我知道，漫長的復健旅程即將開始，
另外一場超級馬拉松將要起跑。

在人生的旅途中，事件會不斷的發生，有好的，有壞的。好的事，可能是經過一番努力而發生，我們帶著微笑迎接、走過；然而，壞的事，因為大環境和一些不可抗力因素，有時不管怎麼努力都無法避免它發生，端看每個人如何去面對。同時，我們也應該好好記錄人生是怎麼走過來的。

現在回頭來看，我為什麼會受傷？

我這人一生熱愛自由，喜歡跑來跑去不受控，年輕時為事業搭飛機跑遍全球，截至二〇二四年五月，我光搭乘國泰航空的累積里程數就達到 4,923,263 英里，相當於繞行赤道 197.71 圈，是目前國泰航空台灣飛行里程第一名的會員。

回想起來，早年我長期坐飛機、坐巴士，坐的時間太久，姿勢不正確，也沒有長期特別訓練核心肌群，姿勢就偏了，偏到一個程度，漸漸影響脊椎。經過二十多年的累積，近幾年我感覺做運動的時候，右臀部沒那麼靈活，但是偶有一些小病痛，我當時覺得無所謂。

我五十七歲開始跑極地超級馬拉松，一跑就是十三場，我和兩個兒子成為台灣和當時世界上唯一完賽四大極地馬拉松賽事的企業家父子檔。然而每次跑完我都沒有好好修復身體，幾乎都是接著跑下一場，甚至有過兩場間隔不到半年的狀況，其實身體已經開始受傷了。當時狀況沒有那麼嚴重，所以我沒有打算進行手術，當我覺得不舒服時就去按摩。我一個一個找遍所有復健科醫師，也有很多好朋友幫我介紹許多好醫師，只是找醫師也很看緣分。

終於找到適合我的物理治療師

若是有緣分，你就會遇到你生命中最契合的醫師或物理治療師。我還記得在二〇一八年九月之前，我訪遍台北市所有復健科醫師和物理治療師，但總是徒勞。不是醫生不好，而是我覺得配合上就是沒那麼契合。

有一次太太告訴我：「你復健那麼辛苦，我們家過自強隧道後，有一個大直復健科診所，我們做復健、電療在那裡可能比較方便，你不妨去試試看。」當時我本來也沒特別感興趣，但是疼痛一直存在，到大醫院常常要等上大半天，不如試試到小診所做復健、針灸。當時該打的針我都打過了，但肌肉一直沒辦法真正康復。

二〇一八年九月二十日是我第一次到大直復健科，去了第一次、第二次，我沒有很適應，當時想說可能也跟以前去過的診所一樣沒有多大效果。不過我發現有一位女性物理治療師的患者好像非常多，我看到一個人進去診間裡傳來唉唉叫的聲音，出來之後換一個人進去，在裡面又是唉唉叫。我心裡想，既然都不想做了，就讓她做做看吧。

同年十一月，我找到那位治療師幫我做復健，她是林純瑜物理治療師。第一次掛號，她跟我說：「你是給別的物理治療師做，他做得很好就讓他繼續做，有什麼其他我可以幫助你的嗎？」我跟她說我腳很痛，於是她就幫我做徒手治療。

那次一做，我覺得好像有處理到我的痛點！所以兩天之後，我又再去找她。她看到我說：「上次不是跟你講了嗎，你應該找上次那個物理治療師，他做得很好，你讓他幫你做就好了。」我直接跟她說：「我想拜託你幫忙可以嗎？」她頓了一下，還是幫我做。我做完之後覺得很奇怪，我肌肉的傷痛，好像她做起來比較有效，所以兩天之後我又厚著臉皮去掛號她的門診。

進去診間之後，她很不客氣地告訴我，我身體有些地方大概都變形了，足弓不見，肌肉也都變形了，腳還有長短腳。她很仔細地拿尺在我的腳上做很多的記號，說我身上有很多問題。聽她說了這麼多，我不知道她是不是可以幫我治療。她說我若要治療，可能沒有那麼快好，需要時間。

我當初實在是找遍了所有的物理治療師，我覺得她在做徒手復健的時候有幫我把肌肉鬆開，我感覺得到她極為賣力。既然她很直白的告訴我，找別的復健師就好了，我也很直白的告訴她：「我想麻煩你治療可以嗎？」她只好硬著頭皮把我這個病人接下來。

我的頸椎、右肩膀上面有一塊硬肉，大概已經十幾年了，左腰也有一塊十幾年的硬塊。這期間都沒有遇到有緣的復健師，做復健的時候也沒有感覺到有進展，所以之前我都放棄處理，使得肌肉、筋膜很緊繃。但是給林老師做復健的時候，雖然疼痛，但我的肌肉有鬆一些。本來療程是十五分鐘到半個小時，我覺得時間一下子就到了，做得不夠，就問她能不能延長為一個小時？感謝她答應了。之後，每次她幫我做的療程基本上都是一個小時。我沒想到一個女性物理治療師的力量會那麼大，我背部整塊肌肉都是硬的、死的，她幫我熱敷，熱敷後幫我拔罐，再用 Theragun 筋膜槍幫我按摩，肌肉終於不那麼僵硬了。

這個過程大概經過一個月，我感覺背後的肌肉有稍微鬆開。每次她幫我做復健的時候，我常痛到眼淚止不住地流下來，非常非常疼痛難受，但經過大約三個月之後，我覺得我右邊肩膀上的那僵硬的肌肉漸漸不見了，左腰的硬肉也漸漸消失。當時我覺得我右大腿、鼠蹊是一片肉連在一起，我還問她：「請問左邊的肉是分開的，右邊怎麼會連在一起？」其實我當時不知道是因為我的身體不對稱代償的緣故。

從二〇一八年十一月開始給林老師做復健，到現在也將近六個年頭了。

林老師當時說，我應該不能再跑馬拉松了，因為我的核心肌群和腿部受傷，有些肌肉已經萎縮。幸好我當時超馬已經跑完了，不然以我這種逞強的個性，一定會讓身體受傷更嚴重。

遇見仁心仁術的榮總陳院長

這些年來我專心做復健，期間我也找了很多位物理治療師，有幾位物理治療師說，再給他們一點時間，我應該可以恢復好。但是到二〇二〇年，我經過一年多的復健，還是覺得疼痛沒辦法消除。我跟大直復健科的陳奕錫醫師討論，他認為我應該開刀才能解決這個疼痛，這樣一直做復健不是辦法。

於是自二〇二〇年五月開始，我便到處尋找台灣能處理髖關節的骨科醫師。這期間我問了很多人，台灣所有骨科名醫我大概都知道了，我也大概物色、鎖定了幾位醫師。有許多人向我推薦榮總的陳威明副院長，他是我最高分、最優先的選擇，於是我思考，應該透過誰來認識陳威明副院長呢？

當初陳副院長的門診都太滿，很難掛上號，後來是經過我太太的好朋友范麗媛女士引薦，幫忙我安排二〇二〇年九月三日，到榮總給陳威明副院長看診。我擔心陳副院長不知道我是誰，還帶了履歷表，希望他能看得起我。我完全沒有意料到，陳威明副院長竟然是這麼開朗、心胸開闊的一位醫師。

我一進入診間，他一看到我就中氣十足地說：「陳總裁，你對社會的貢獻很大，有什麼我可以幫助你的？」一開始的對話就讓我感到非常親切，他看一看我的腳，說不開刀不行。他說，我左邊跟右邊兩個髖關節都壞掉，必須要開刀，但是左邊比較嚴重，先處理左髖關節。

他的熱情、他的坦率，還有他的滿滿元氣，我覺得跟我的氣場相當合。他告訴我，假如要開刀，他願意幫我開。真的是謝天謝地，因為我沒有想到他會親自幫我開刀，我真的是太高興了。

當天我就去照X光，完成所有的檢查，後續就跟陳副院長的秘書熊秘書聯絡。安排同年九月十五日住院，十六日開左髖關節。

確認時程後，我和 Cherry 纏著熊秘書，強調：「我希望開刀植入進去的髖關節要用最好的！」熊秘書回答：「陳先生、陳太太你們放心，我們副院長在幫所有的病患開髖關節的時候，都是選最好、最合適的材料，這個用健保就可以支付了。病患使用的東西，陳副院長都非常注重，所以你們不用擔心。」她又強調一次，「用健保支付就行了。」我和 Cherry 對視了一下，竟然有這樣的醫生，用健保給付就能做髖關節手術。

我知道有很多人髖關節的手術成功，但是失敗的也不少。我很幸運，九月十五日住院，陳副院長那天晚上來看我，他告訴我十六日早上第一刀就幫我開，他真的非

我開始恢復行走，首要感謝榮總陳威明院長。2020年9月18日，陳院長於左髖關節手術後來病房探視我，與我和Cherry合影。

常好。好玩的是，他帶著他的團隊來巡房時，還發給我一個饅頭，我已經幾十年沒有吃過饅頭了。不只是我，他的每個住院病患都被發到一個饅頭。我覺得陳副院長實在是很棒的人，只是最簡單的白饅頭，就讓人感受到他的關懷與愛心。他將愛心分給所有病患，包括他的同事，我也以感恩的心吃下饅頭。我很高興，竟然可以遇到人格這麼高尚的一位醫師，後來他於二〇二二年接任榮總院長。

自此以後，我陸續介紹多位有骨科方面困擾的患者到榮總，都是陳院長幫忙，甚至有好幾個朋友是陳院長親自幫他們開刀。大家的結論都一樣，這麼好的一位醫生，身分地位那麼高，竟然願意幫我們這些平民百姓做如此好的服務，而且非常親切，人又是那麼正直。直白一點地說，這麼好的醫師，什麼禮都不用送，治療都用健保支付，住院也不讓你住久，三天就請你出院，我實在好敬佩他。我朋友們的結論都是一樣，他的人格人品就是這樣值得敬重。

九月十六日完成左髖關節手術之後，陳副院長隔天就過來，要我站起來走路。我的媽呀！真的假的，剛開完刀就可以走路？在他的鼓舞之下，他撐起了我，扶著我並陪著我走了一段路。我與很多位病人聊過，陳副院長對所有人都一樣，這麼忙碌的副院長，依然能如此用心地對待每個病患。在他高明的技術及關懷與祝福之下，我術後第四天就出院了。

出院一個半月之後，我問陳副院長要怎麼保養，他說只要不去做把腳硬扳過來的動作，其他動作能做的都可以做。

陳副院長既然敢這樣講，所以我也大膽體驗他的技術。我在二〇二〇年十月二十五日和公司同仁一起參加長榮航空城市觀光馬拉松，我走完十公里。在馬拉松賽道上也遇到很多人，他們都嚇了一跳，怎麼跛腳的也來參加馬拉松？但是我完賽且拿到獎牌！這次的完賽讓我對陳副院長更加的敬佩，我換完髖關節不到一個月，竟然就能完成十公里的馬拉松！（雖然是用走的。）

同年十一月我再次進入榮總，麻煩陳副院長幫我開右髖關節跟右膝蓋，他本來說要分兩次開，因為都是大刀。但是我拜託陳副院長，開兩次刀很辛苦，不如一次開完。我覺得他是一位夠義氣的醫師，他思索了一下，說：「好吧。開完膝蓋後要把你翻過來開髖關節，我就辛苦一點了。」

我在十一月三日住院，隔天順利完成右髖關節與右膝手術，住院三天就出院了。真的太感激，陳副院長完全為了病人著想，不浪費醫院的資源，不讓我多住兩天就要我出院，就是為了把病床讓出來給需要的病人。

陳院長的醫德、高明的醫術，和令人欽佩的為人處事，不管走到哪裡都可以聽到。後來我在ＡＣＣ美僑俱樂部也聽到很多人在美國做了兩次髖關節手術都沒處理好，最後也是請陳院長處理。

除此之外，我又遇到很多人，包括政治界的人跟企業家，幾乎都是陳院長為他們開的刀。陳院長有這種精力真的很驚人，身為醫院副院長再到院長，行政雜事那麼多，要參加那麼多會議，還要看診、巡視病房與開刀，我對他的敬業精神和仁心仁術由衷感到敬佩。

戰勝人生最危急的戰役

髖關節與膝關節開完刀之後，傷口一好，我又回大直做復健來促進我的血液循環，以期能早一點康復。日子一天一天過去，我的肌肉也慢慢恢復了。但是我就是這樣，一旦能夠站起來，能夠走路，心裡又在想著能不能出去走走？陳院長的保證真的給我很大的信心。他說只要在不勉強的範圍中，應該不會出什麼大問題。

我聽他的話，該游泳、該做的運動我都照做，雖然身體很疼痛，每天還是繼續走路，直到我認為我的腳可以跨過重型機車的那一天。我在右髖關節與右膝手術之後，一直蠢蠢欲動，休養四個多月之後，我在台灣先測試一下身體狀況，也開始慢慢自己訓練肌肉。二〇二一年三月我在台灣騎短程重機，跟車友約去台東騎車。我先騎車到花蓮休息一個晚上，第二天從花蓮騎到台東和車友會合，再繼續騎重機東西南北跑，每騎兩小時休息半小時，一切正常無大礙。

但是我一直不知道，我除了髖關節在跑超馬的時候受傷，其實脊椎也嚴重受損。雖然在大直復健科，林老師有辦法幫我把已僵化的肌肉經過一段時間慢慢鬆開，但是神經壓迫到脊椎是沒辦法恢復的。我當初花了兩年時間復健，希望髖關節跟膝關節不要開刀，雖然坊間說做好復健可以不用開刀，但對我而言，事實證明這些都不是真實的。我自己親歷過一切才知道，骨頭一旦壞掉，還是得動刀治療。

這期間我都不知道我如此愚蠢，我以為該玩的可以照玩，結果我玩瘋了。在台灣順利的騎乘經驗，使我的心更大了，就與加拿大的車友們相約一起再去騎重機遊山玩水。這趟二〇二二年九月與加拿大車友的美加重機之旅，讓我的脊椎和髖關節受損嚴重，在車友們的扶持下，我還是硬撐著跑完行程及參加彥誌加拿大新家的入厝儀式，在他家住了好幾天（在上一章詳細描述了這段經過）。

我在北美時，腳已經痛到沒力無法走路，於是打越洋電話給陳院長，陳院長立刻說道：「你趕快回來，你的脊椎是壓到的，問題不是那麼簡單。」陳院長已經知道我是因為脊椎壓到，但是我本人卻不知道病灶在哪裡。他叫我趕快回台，他會安排我馬上住院開刀。當時我是坐輪椅回台，一回到台灣後，十月二十日就到榮總給陳院長看診，陳院長一看就說不行，要馬上住院。於是他安排神經外科的黃文成主任接手，隔天我就住院，成為黃文成主任的病人。

入院當天，我做了一些檢查，黃文成主任來探視我。二十二日陳院長前來探視，要我把腳抬起來，那時我才知道我已經半身不遂，我的腳根本抬不起來，也沒辦法動，然後他搖搖頭，開玩笑地說：「你還不錯啊，已經遊遍了全世界才來開刀，有很多家庭主婦沒什麼機會出門，也是要來找我開刀。」他臉帶笑容說這些話，但是我知道他心裡知道事態的嚴重。我真謝謝他這麼明智的一個小幽默，也稍微緩解我緊張的情緒。

從十月二十一日住院到二十六日黃文成主任幫我開刀，這段期間陳院長幾乎每天都來病房關心我，下班前也都會繞到我的病房跟我打招呼，關心我的狀況，我真的非常敬重他。他那麼忙，我不是什麼政治人物，也不是大企業家，但是我想我們的友誼是永遠的。

十月二十四日，入院第四天，要進行開刀說明。當下氣氛非常凝重，黃文成主任用非常嚴肅的口氣告訴我，說我大概有三個地方卡住：頸椎第三、四、五節（C3、

黃文成主任為我開刀，手術順利，才有現在的我。2022年10月21日，手術前與黃主任合影。

C4、C5）、胸椎第九、十節（T9、T10）與胸椎第十二節（T12）加上腰椎第一節（L1）。他說這三個地方都卡住了，但我的狀況跟普通病人不一樣，現在脊椎壓到神經已經是非常危險的狀況，就像是懸崖上的落石，隨時都可能崩落，開刀也可能來不及。他認為幫我開刀，是風險非常高的事。

黃主任說，假如頸椎沒開好，可能會造成一輩子半身不遂，那胸椎就不用再開了。因為存在此風險性，而且我的病情真的跟一般人不一樣，因為椎骨卡住的位置及神經壞死的程度已經相當嚴重，手術過程風險極大，但他會竭盡全力來完成這項手術，他要我仔細考慮一下。當時我太太 Cherry、兒媳婦還有我的助理怡伶三位在場，她們三人聽到醫生這麼說都掉淚了。

黃主任再次詢問我要不要考慮一下再開刀，我想把這個不好的氣氛轉換掉，馬上開口跟黃主任說：「我很相信你，而且你又是陳院長推薦的醫師，我相信你絕對有辦法幫我開刀、幫我治療，我也不想再找第二意見，麻煩你就安排時間幫我開刀。」黃主任回答：「好，假如是這樣子的話，那我兩天後幫你開，所有文件你都幫我簽好。」

十月二十六日，從下午一點到四點，三小時的頸椎手術順利完成，我在恢復室待了四小時才回到病房。頸椎手術順利完成，於是接續安排十一月二日動胸椎、腰椎手術。第二次脊椎開刀前一晚，十一月一日我跟醫院請假回家，看一看心中掛念的三個孫子。

十一月二日一早就進手術室，從早上七點開刀到下午一點，手術順利完成，在恢復室休息到晚上六點才回到病房，我有將近十二個小時不省人事。我背後的引流管也於手術後四天，也就是十一月六日拔掉。

手術成功且術後確認沒有後遺症之後，我忍不住寫下一段感恩禱詞：

我的人生！

謝謝上天、佛祖、上帝、神明、祖先和人及鬼的幫助！

更多謝一流的醫生，安全的幫我開刀頸椎、胸椎和腰椎的中央神經阻塞！

現在要由我自己去把失去的肌肉找回來！

人生都是一場戲、過程和緣分！

我的人生非常的精彩也豐富！好、壞我都嘗盡了！

感謝我的人生有您！

謝謝您的關心！

這場手術是胸椎第九、十節（T9、T10）與胸椎第十二節（T12）加上腰椎第一節（L1），因為範圍很大，所以採傳統手術方式進行，開刀的時間非常長，是很大的手術。開完這刀，我背後的傷口大約是三十幾公分。從背後開刀真的很辛苦，我真的很欽佩黃主任外科醫生的體力、細心和專業技術。

開完刀最難受的一件事就是開刀麻醉時要插入導尿管，非常不舒服，睡也睡不好。我問醫護人員，尿管什麼時候才能拔掉？他們說要等停止打止痛藥之後兩天才可以拔。我一聽就非常著急，因為導尿管讓我非常地不舒服。於是我要求他們馬上停止打止痛針劑，我真的受不了還要等至少兩天。醫護人員一直警告我，假如拔掉的話會很痛，到時候若又要再打止痛劑會很麻煩。當下我非常堅持，要他們馬上停止幫我打止痛劑。停止打止痛劑後，大概一天半左右導尿管就可以拔出，這時候我才覺得舒服一點，不然這段期間都非常痛苦。

因為手術後都要穿著硬式背架及戴著護頸，生活很不方便。手術後的兩週沒辦法洗熱水澡，晚上我會請看護西暖幫我做局部擦拭，日子很難過。這期間我心中最渴望的就是洗熱水澡。好不容易挨到拆線的日子，我的傷口被貼上紗布，再等了一個禮拜之後，護理師說可以很快速沖洗一下，十一月十七日是我手術後第一次沐浴，沒想到讓我那麼快樂！讓我回想起之前跑極地超馬沒辦法洗澡，但是我每天也會偷偷拿個小水缸，到外面用小毛巾把身體擦拭一遍。能洗澡是一件很快樂的事！

人總是這樣，在辛苦過後，即使是一件平凡不過的小事，也能感到非常高興。一個小確幸，就能讓自己身心喜悅不已，人真的是很可愛。

手術之後，漫長的復健馬拉松

十一月二日做完胸椎與腰椎手術，狀況稍微恢復之後，十一月十一日我被轉至東院的神經修復病房，開始進行一系列復健，我的主治醫生也由黃主任轉至神經復健科的蔡昀岸主任主治我的神經恢復和復健動作，我每天早上及下午都要到復健室做復健。

我就像是一個生活在富貴圈，突然被放到物資缺乏的鄉下小朋友一樣，比這個更糟糕的是，自己的腳不聽使喚，功能完全喪失，身體也無法像以前那麼有力的去幫助其他部位做出任何活動，所以住院那期間真的很辛苦。

當時是秋天，即將進入冬天。每天早上起來若看到外面的陽光，心裡就覺得舒服一點；假如看到陰天，心情就不那麼美麗。

每天早上起來第一件事情就是量血壓，蔡主任會過來巡房，黃主任也會抽空過來探視，真的謝謝他們。陳院長因為比較忙，而且我住在東院，他比較不方便，但他還是會在手機上問候、關心我，有他們真好。

我知道，漫長的歲月即將開始，另外一場超級馬拉松將要起跑了。一個天不怕地不怕，在攝氏四十五度的沙漠背著重重的背包往沙裡踩，腳再怎麼痛都耐得住，騎重機衝過暴風雪，再怎麼困難都不怕的人，現在竟然從早上下病床就一定要有人扶著。幸好台灣有外勞制度，可以讓我即時申請看護人員。

那時還是在 Covid-19 的戒嚴期，只能有一位看護二十四小時伴隨。當時太太也是一片好意，想在家裡煮一些健康營養的餐點送來，但是她的好意卻增加不少煩惱，因為即使她再怎麼辛苦準備，菜送到這邊都涼了，而且我手術後胃口不怎麼好。加上家裡要人幫忙，太太要送東西來停車又不方便，我們在病房裡也緊張兮兮的，經過幾次之後，我跟太太說不用送餐了，這樣對她造成不便，對我也不甚方便。

我跟我的看護西暖講，從現在開始，不管餐點好不好吃，所有餐我們一人吃一半，若是吃不夠，她就到榮總的餐廳去買，買她喜歡的或者我喜歡的。我們兩個人就開始過著互相依靠的日子，她是我身體的代言人，我要做什麼，只能藉著她來行事。

幸好平時我有訓練好公司的 Kimiko，她就是我的抄錄手，也是安排我跑極地超馬跟騎重機行程的人；有時候想探聽一些市場的消息，就找 Yvonne；另外一個游擊手是怡伶，她也相當聰明，母親因為腎臟病的關係，所以怡伶必須定期帶母親回醫院看診，讓她更加了解醫護人員的想法，所以她對醫護人員應對得很好，也養成習慣注意個人衛生及關懷醫護情況，如若要安排東西運送，就由怡伶來。住院期間我另一個不可或缺的事物就是手機，幸好我是生活在一個有手機的時代，要與家人或同仁聯繫、視訊都非常方便。

我很幸運，因為經濟許可，我住在醫院單人房，也謝謝院方給我相當大的方便。我的房間採光比較足，也讓我心情比較好。在我的房間，除了睡覺時要聽助眠的音樂之外，其他時間我不是播放運動的音樂，就是搖滾樂或鄉村音樂。

生病這期間，有時覺得時間過得很慢，有時又覺得時間非常快。早上要做復健，吃完午餐、睡完午覺後，下午又要去做復健。因為體力不夠，所以做復健時，腳根本不聽話，那種挫折感跟無力感讓我覺得時間極為漫長。吃完晚餐之後，西暖總是會跟我聊天，聊東聊西，講一些笑話，然後照表操課幫我做一些腳底按摩。

這期間除了醫生看診之外，最主要的任務就是趕快復健。當時雙腳很不聽話，兩隻腳走路會相互碰撞，雖然是靠著四腳的助行器，但是都是用手的力量，每走一步，助行器就要移動一步，覺得非常辛苦，手也漸漸沒有力氣。因為手術之後食慾不太好，也沒有在鍛鍊，所以在復健針對腳進行的同時，我發現手臂也慢慢有衰退的現象。

這期間又開始另外一段緣分，就是遇到朱玉鈴物理治療師，也是我的另一個貴人。我覺得她很了解病人，她的年紀看起來不大，有時候在復健時也會聊聊她的女兒，她女兒那時候好像才一歲多。

朱老師是陽明大學復健科畢業，相當專業。這段期間我們在交談中，慢慢地她知道我是什麼人。有時候有些受傷的運動選手來看診，她會告訴我這些人以前曾經是運動國手，告訴我他們的故事，她讓我知道我不是一個自負爭勝的人，因為好勝者或者體能比我強的年輕人也是會受傷的。

每天她都給我新的操課動作，我的肌肉也一天一天慢慢、慢慢的成長。我發覺我稍微可以站得比較穩了，就不想再拿四腳的助行器，於是我拿出從北美帶回來的助行器，那是帶輪子跟剎車的，這樣走起路來，基本上可以讓腳有推進力，但是腳掌、小腿跟大腿還是沒有辦法識別動作到底是小腿、大腿還是腳板在動，只知道整

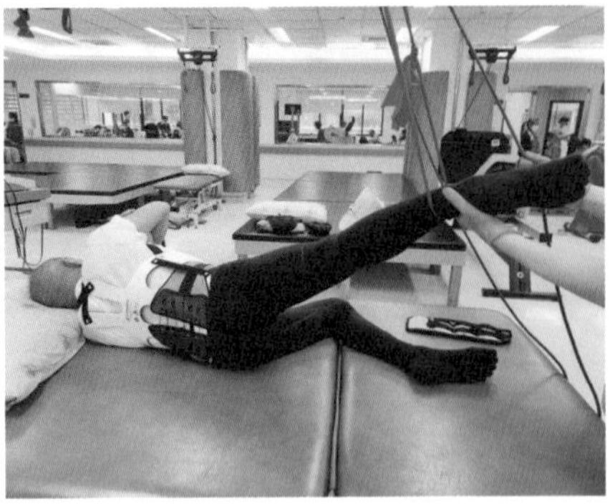

漫長的復健旅程，需要堅強的心志才能克服這一切。

隻腳往前走。

這樣日復一日，不斷的努力往前走，朱老師也伴著我。我們使用紅繩掛起腳讓腳能夠晃動，開始使腳慢慢有知覺的動，然後再換上橡膠帶。當時我的腳只會用力不會放鬆，醫學上叫做肌肉張力異常。

慢慢的，肌肉一個一個往前推，當時沒特別注意是哪些肌肉，但是日子一天一天過，我發覺自己活動的能力越來越強，總算可以自己洗澡，雖然背部還是要麻煩西暖幫我擦拭。

這期間每天都要跟復健老師學習如何讓身體比較健康。認識朱老師及蔡主任也快兩年了，他們每天都在觀察我的狀態，看哪邊有成長、哪邊需要再鍛鍊。

我的雙腳是拇指外翻，拇指都沒有感覺，但現在腳盤也稍微能動了。每天腰痛、手痛，因為手術後整個身體的結構都產生變化，不是用腳在走路，而是靠著身體的鐘擺原理在走路。痛的部位不一樣，長的肌肉也不一樣，每天都在考驗朱老師，但朱老師都有辦法一一化解，有時候熱敷、電療，有時候也會尋求蔡主任的支援。

讓我來談談神經復健科的蔡昀岸主任。要成為神經修復中心的醫師和主任實在不簡單，因為病人沒辦法真正詮釋出自己的痛處，神經一旦壞死，根本不知道是哪裡痛。蔡主任的性格很好，關心病人就如同關心自己的家人一樣，他總是不厭其煩，一直摸、一直按患者身體，嘗試找出哪裡有反應，在有反應的地方再追問是不是這裡痛，按完之後蔡主任會一再重複確認痛點位置，他再對症下藥，也會關心患者對藥的反應，假如他覺得藥用在病人身上不妥，會馬上換不同的藥。我的病情在蔡主任診治下也有所改善。

蔡主任對人體的構造、對神經的分布，甚至對肌肉深層跟淺層的分布都瞭若指掌。他在診治病人疼痛的時候，必須要從血液、超音波或X光去判斷，他使用的工

蔡昀岸主任總是不厭其煩找出、確認我身上的痛點。2023 年 7 月 31 日與蔡主任合影。

具千變萬化，遍及整個身體。

當時在進行脊椎手術時，黃主任和醫生們都擔心我的神經在手術中途壞死，所以我的頭、腳跟手上都貼上電極片來監測我的神經反應。蔡主任每週總是詳細詢問我的情況，並不厭其煩的幫我換藥、治療疼痛。

神經痛真的太辛苦，我的腳每天都在痛，如同有一萬根針在刺，早期的刺痛是從小腿的表面皮膚到腳背、腳底、小腿，只要一摸到就好像針刺在上面。有時候痛到我不免懷疑自己上輩子到底做了什麼壞事，所以上天要用疼痛來處罰我？所幸現在漸漸好轉了，疼痛變成小腿跟腳掌中間的關節、腳背跟腳底，偶爾還是會有百分之七、八十的疼痛，我都會一一跟蔡主任說。

我這期間都是靠全身的力量在走路，包含腰和肩，過度使用也會產生痠痛。朱老師能夠緩解我的狀況，若是沒辦法，我就找蔡主任。蔡主任知道我疼痛的地方，按一按，然後用針灸，才探測到我哪根神經有狀況。打針不是打一針就好，他從肌肉要上中下分成三次打，打完之後還要躺五分鐘，看哪裡還會痛再打。我從小到大打針無數，七十歲才知道疼痛的針竟然要打三次。

以病友為目標，開始良性競爭

住院復健期間，我在醫院裡最害怕的就是看到那些剛完成手術或中風，或者全身不能動的人在呻吟。看到他們不能動，或是聽到他們的呻吟，讓我心裡很害怕。所以我看到那些人，都會把臉轉向另外一邊，專心地照復健老師的話做運動，包含紅繩和很多腳力的訓練，但是那時即使想做運動，也會覺得腳根本使不出力量來。

我在醫院也認識了一些病友，他們同樣脊椎受傷、坐輪椅，或是身體不能動，需要人家抱起來。這時候我通常不敢看也不願意看，因為會對我造成非常大的打擊。我會挑一些年輕人或是復健有進步的人做為我努力的目標。

這期間我鎖定兩個人，一位是高中女孩，跟我一樣脊椎受傷，我們同期進入醫院開刀；另一位是個年輕人，父親照看著他。我跟復健老師說，我以他們為目標，他們做幾下，我就要做幾下。一開始我沒辦法，一定要扶著助行器才有辦法站立起來。當然，我也找了一兩個年紀跟我差不多，但是狀況比較沒那麼嚴重的人來聊天，他們都是我在做復健時新建立的朋友圈。

晚上在病房裡吃飽飯就開始練習站立。一開始我不知道要買腳墊，站在毯子上面，我的腳非常痛，就打開音樂，自己練習站著，不斷訓練站立的功夫，一天一天，我的腳站立的力量就越來越足。很可惜沒有將當時腳的肌肉拍照，不然就知道當初失去了多少肌肉，現在又慢慢長回來了。

住院十幾天之後，我每天晚上就在西暖的看護下，開始練習用四腳的助行器走路。那時遇到一位年紀跟我差不多（可能年長我幾歲）的中小企業老闆。他跟我一樣雙腳沒辦法動，他是住在三人房，我則是住在病房最末端的單人房。我是每天最勤勞

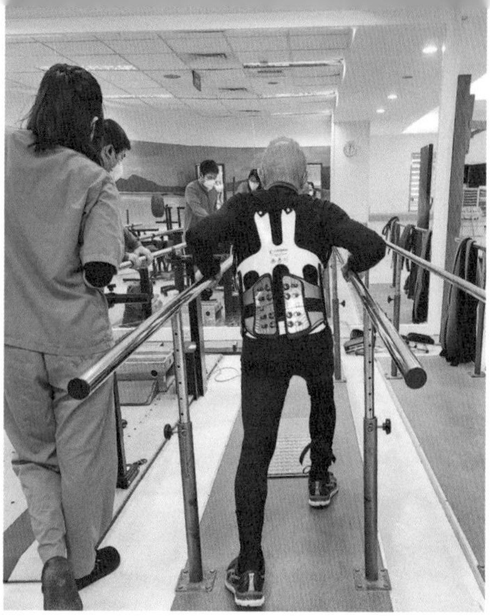
為了康復，我選擇忍耐痛苦，努力鍛鍊自己。

在走廊上練習走路的人，這位中小企業的老闆可能打聽到我，後來他也開始跟我打招呼。我們兩個互相認識之後，就開始了良性競爭，他看到我在走路，他也試圖練習走路。

他是打了 Covid-19 疫苗之後，身體免疫系統突然間失靈，打完針後兩腿就不能動了。當初住院時他是不能動的，後來經過這一年多，我有時候在復健室看到他，他在他太太的攙扶之下，也開始拿著拐杖可以日常生活，真心祝福他。在這期間，每一個患者都可能是我學習或良性競爭的對象。

跟我同時開刀的高中女孩也跟我一樣，我們兩個都在做良性的競爭，但是我跟她差了快五十歲，我覺得我的荷爾蒙、我的身體結構，可能沒有辦法像她恢復那麼快。不過我每天還是加緊腳步，除了躺著休息之外，我都強迫自己多站立，然後聽著有氧運動的音樂搖擺我的身體。

住院這期間，很高興能看到那位有父親陪同的年輕人出院。在這些病人同志裡，出現了第一個出院的人，對我是很大的鼓舞。我的目標已經非常明確，我在想，我什麼時候可以出院呢？我的復健在跟時間賽跑，很快的時間到了十二月，我復健也半個多月了。漸漸的，我跟那個高中女孩也開始靠著牆壁慢慢滑步，我們試圖靠著牆壁、顛三倒四地在學走路。

在住院這段期間，我深深理解到，這個時代養兒防老的觀念已經不存在了。因為我沒有看到任何一個病患是子女犧牲自己的幸福跟未來，來陪伴父母或長輩的，幾乎千篇一律都是外籍看護。對於聘雇外籍看護這點我倒是很贊同。有些人不知道醫療現場實際情況，而批評台灣的看護制度，指責外籍勞工逃跑率太高，事實上這是睜眼說瞎話。台灣引進那麼多外籍勞工，但是真正需要人力的時候，法規還是太嚴，沒有給老百姓真正的選擇權，也沒給外籍勞工真正的選擇權。很多人都需要外籍勞工，因此這些外籍勞工只要一逃跑就有人雇用他們，為什麼這麼多雇主寧願冒險犯法呢？因為他們有需求。

關於外籍勞工的話題不是我書寫的主題，但是沒有真正經歷過這些事情的人都是站著說話不腰疼。我身體現在還在康復中，看到許多人在討論外籍勞工，事實上看顧病人的錢沒有台灣人要賺，賺這個錢很辛苦。因為要伴著病人長期睡在醫院的沙發上，病人晚上要上廁所，看護要起來幫他拿尿壺，要攙扶著他，要幫他洗澡，醫生護士巡房，大家都要起床。這種事情社會大眾竟然不了解，沒有同情心的人還在說三道四，我覺得這實在太不應該了，健康照護是人生除了生命安全以外最基本的需求。受傷的人需要申請看護，目前政府看管得太嚴了，我若是一個立法者，必會重新審視相關制度。

脊椎真的受到重創的人，沒有兩個人是扶不起來的，應該會需要兩個看護。而且看護長期跟著病患，日子一久，精神上也會受不了。我的病雖然不是很嚴重，但是我知道跟在我身邊的看護很辛苦，因為幾乎是二十四小時無法休息的。

在住院這期間，甚至在出院之後，我觀察到在醫院中真正由子女照顧的例子實在少之又少，大部分情形是先生陪伴太太或太太照顧先生，但是夫妻兩人年紀都很大。我認為這是人間悲劇，年紀那麼大了，還要由老人來照顧老人，實在是相當可憐。吃緊的看護人力實應想辦法擴增。

總算出院，持續復健

住院期間很辛苦，身體彷彿不是自己的，不會聽從大腦的命令。活動範圍又局限在醫院裡面，頂多在天氣好的時候可以坐著輪椅或推著助行器到停車場看看藍天，或是下雨天躲在屋簷下看看外面的雨。

熬到第五十五天，我實在受不了，跟黃主任與蔡主任說我想出院了，也在住院第五十七天的十二月十六日正式出院，出院後又另外遇到一些挑戰。

回到家裡，第一個挑戰是，我太太非常緊張，第二，病人跟家人住在一起，可能會有很多不了解跟無法體會的事，因為病人住在醫院一段時間，已經養成了一個生活模式，例如，他自己喜歡做什麼事，在醫院裡就可以自己做什麼事情。回到家裡，原本只有太太跟一個幫傭，但因為我多了一位看護，生活變得比較複雜。

因為身體不方便，我變成事事都要麻煩看護。有看護在，對病人最大的好處是，吃藥、量血壓等等所有醫護相關的事情，時間一到，看護就會準時提供照顧。我在家的生活同樣是照表操課：早上起床，房間稍微整理一下，接著就是量血壓、吃早餐、吃藥。我自己有一些活動，有很多的事情要關心，要打電話給孫子、要打電話到公司，一個早上一下子就過去了。中午吃完午餐又要吃藥，因為身體非常疼痛，止痛藥跟癲癇藥都不能停。睡完午覺起來，稍微運動一下，讓身體的筋骨放鬆，就準備吃晚餐。

吃完晚餐跟吃藥之後，就是人生最快樂的事情之一——洗熱水澡，邊沖澡、邊泡澡，每次洗澡都要花半小時到一小時。洗澡時得先泡熱水，舒緩腳的疲勞，讓血液循環更好，也讓身體放鬆。這時我會播放運動歌曲振奮自己，也覺得身心比較健康與年輕。

當時太太有點不習慣，因為突然間她在我的生命中好像變得沒有那麼重要。我早上起來最先叫的是看護，不是叫她的名字；我的很多事情以前是她在做，現在都假借別人的手，所以有時她難免會吃醋，我覺得這也是正常的。

回家一個禮拜之後，我在想如何讓我自己的身體恢復得更好？所以我又找了一位二〇一七年就認識的長庚醫院中醫部的鄭淑臻醫師。我認識鄭醫師時她還很年輕，現在已經讀完博士變成名醫。現在請她做針灸，要排隊很久，幸好我們都搶掛號到前面的號碼，才不至於等候過久。

二〇二二年十二月又開始另外一段復健旅程。我每週一、五早上，一早先去長庚醫院做針灸，結束後馬上到榮總做復健。我認為只要能夠幫助我的身體，讓我的身體有感覺，任何療程我都願意做，所以那段時間非常辛苦。期間也把原本不怎麼敢開大型車的怡伶，訓練到我的每部車子她都會開。她會開我的車之後我比較放心，這樣我太太不用這麼奔波，她年紀也大了，有時一緊張，也怕她開車時出狀況。

除了長庚的針灸和榮總的復健，每週二、四、五下午我又回到大直復健找林老師報到。

開刀前，林老師很擔心，她怕動完關節跟脊椎手術之後，復健時會傷及傷口，或是讓植入的鐵跟骨頭受傷就不好了，但我心裡有數。我身體漸漸康復之後，我的身體告訴我應該再去找林老師做復健，因為她到澳洲深造過，她的復健方法跟別人不一樣。我認識很多物理治療師，但林老師在徒手這方面讓我感到非常用心，而且力道也很足，非常符合我的需求。

手術後回到大直復健，剛開始我們兩個都非常小心，注意不要把這些植入的東西弄壞。漸漸的她讓我做一些動作，幫我把肌肉跟筋骨鬆解，再強迫我做一些運動。她做得很辛苦，我也很辛苦，兩個小時的療程，每次都是含著眼淚，伴隨著呻吟聲完成。我真怕我在診療室中的呻吟聲和叫苦的聲音，會把診所中其他病患嚇走。

林老師在幫我做復健時，有時我的看護會到外面做日常採買，回來診所在外面等我的時候，都會聽到我的慘叫聲。她每次都跟我說同樣的話：「老闆，剛剛在外面聽到你叫痛的聲音，非常大聲，我覺得很捨不得。」

林老師已經幫我做復健長達五年。前兩年基本上是防止我惡化，但是到最後還是要動刀。在這期間，陸續開完髖關節與膝關節的刀，大約兩年後又是脊椎手術，現在腳的力氣已經慢慢恢復。

當物理治療師心要非常的細，要懂人體所有的動作、姿勢，臨床的經驗也要足夠，要知道哪邊有無力氣、哪邊肌肉生長得如何。我覺得他們真的極厲害。有時林老師為了讓我負重，會要我的腳去踹她的身體，我都覺得很不好意思，擔心我真的使力踹傷了她怎麼辦？但她總是逼我使出渾身解數的力量，為的就是讓我的肌肉能夠動起來。

這期間因為我想讓身體進步得快一點，我同步去打幹細胞，又認識中國醫藥大學附設醫院臺北分院復健科柯漢祥主任，他問我要不要試試看機械腿，於是我每週安排兩天，在週一、週三的下午到中國醫藥大學附設醫院，由劉老師協助我做機械腿的走路運動。

劉老師教我如何突破障礙，利用以前有的經驗突破當時的障礙。劉老師是我到中國醫藥大學附設醫院做復健時新換的老師，萬萬沒想到換了一個物理治療師，對我的身體狀況衝擊那麼大。劉老師告訴我，我可以做得到；他告訴我，我不能依賴機器人；他告訴我，走到哪裡算哪裡，我還沒流汗！

在他的鼓勵下，我做機械腿復健時從十樓一步步地走下樓。走了幾步，劉老師發覺我手扶著樓梯扶手，他跟我說：「從現在開始，你不能扶著扶手，你絕對不會跌倒，我會在你背後幫助你。」

他真的很用心，他怕我跌倒，是半蹲在我身後，抓著我穿戴的機器人的腰帶，讓我一步一步地下樓。他不讓我扶著牆壁或扶手，非常嚴格。這件事讓我回憶起四十年前，我騎馬得到中正盃冠軍，當時指導我馬術的鍾彥暉教練也一樣非常非常嚴格，但是嚴師出高徒。

劉老師說：「現在你是靠機器人練習走路，但將來不能仰賴機器人，而是要讓自己能夠走路，這才是最終目的。」他不讓我扶任何東西，並鼓勵我要靠自己，我們走到了六樓。

之前的物理治療師安排的訓練方式只有讓我從十樓走到六樓後就折返走回十樓，但這位劉老師在我走到六樓後跟我說：「你身上的汗不是體內流出來的，所以你應該還有體力，你應該還能往下走。」

於是我們從六樓繼續往下，走到四樓，這時我開始猶豫了，他跟我說：「沒有關係，你的體力能夠支撐到哪裡，我們就在那裡停止。」

於是我們又繼續往下前進，走到二樓後，他問我：「剩下一樓，我們要往回走，還是要往前走到一樓呢？」我笑一笑地對他說：「你真的很不錯，當然是繼續往下

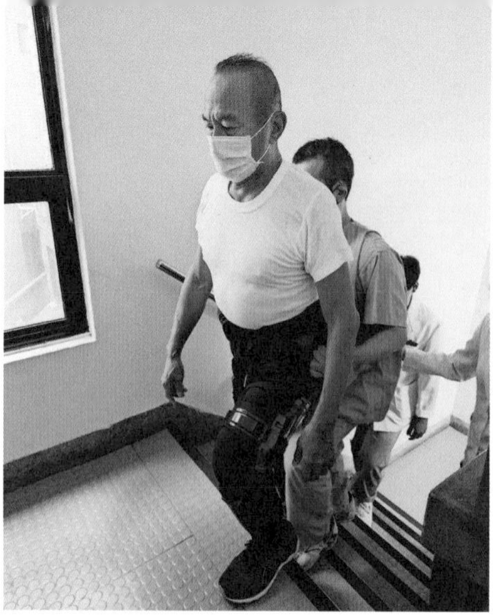
物理治療師劉老師很懂得鼓勵人，讓我突破自己，完成訓練目標。這張訓練照攝於2023年7月31日。

走。」就這樣我們順利地走到了一樓。隨後他說：「好，我們現在開始從一樓往十樓走。」

我現在是身心障礙者，行動不便，從沒這樣走過，也沒人敢這樣要求我走，因為我還在生病中，但是他鼓舞我。他說：「你的汗還流得不夠多，當汗像是從身上倒出來的時候，你才是真正的累。我覺得你還有體力，你是跑過馬拉松的人，繼續上樓應該不是什麼問題。」結果，走！

好不容易走到了四樓，我已經差不多走不動了。他又說：「你可以啊，你可以再往上走二樓看看。」在他的鼓勵下，我又從四樓走到了六樓。

此時他問我：「你要不要繼續？還有四樓。」我笑一笑，沒有回答。我的腳已經很疲，也不聽使喚地開始發抖。劉老師讓我休息一下，然後我們又繼續往上走了兩層樓，就這樣走到了八樓。

身上的機器人設備真的很重，但劉老師還是不停地鼓勵我說：「陳先生，你是跑馬拉松的選手，還有兩層就到了。」於是我奮力地繼續走到了九樓。

此時，劉老師又告訴我說：「陳先生，這是最後一天的賽事，也是最後一站了，你憋口氣，加個油就到了。」結果我辦到了，我走回到十樓。

復健結束之後我回到車上，熱汗淋漓、渾身濕透。我跟劉老師交換了聯絡方式，他是一個非常了不起的物理治療師，懂得如何鼓舞、激勵病人完成訓練目標。

漫長的復健旅程，現在仍然持續著。期間我學會用不同角度看待人生，我的心境起了很大變化，因此本書下半部將分享我在復健過程中領悟出哪些企業經營的課題，還有最重要的，我希望能將這份人生哲學與企業文化傳承給第五代經營者彥誠，並且一直延續下去。

無盡感恩

在我手術、復健這條漫漫長路，首先我要感謝我太太的朋友范麗媛女士引薦，讓我有緣分結識臺北榮民總醫院的陳威明院長。

感謝榮總陳威明院長，陳院長不僅醫術高明，在全球醫學界享有盛名，更難得的是他的慈悲溫暖、積極樂觀，帶給病患很多正能量。我的髖關節與膝關節經過他的妙手得到完善的處理，讓我能夠完成更多挑戰與夢想。

感謝陳院長幫我安排榮總神經外科黃文成主任進行脊椎手術，讓我壞死的神經得以修復、重生。感謝陳康敏護理長、陳藝方專科護理師在我住院、復健期間的悉心照護，讓我在住院期間有家的感覺，出院之後的回診也非常順利。

感謝榮總神經復健科蔡昀岸主任、物理治療師朱玉鈴老師每天細心問我疼痛的情形，幫助我做復健，他們的用心超乎我意料之外。

感謝大直復健科陳奕錫醫師、物理治療師林純瑜老師這些年用盡全力幫我復健。

感謝長庚紀念醫院中醫部中醫針傷科鄭淑臻醫師幫我針灸。

感謝中國醫藥大學附設醫院臺北分院復健科柯漢祥主任及物理治療師劉老師，讓我用機械腿做不同的訓練。

同時在此感謝中心診所醫療財團法人中心綜合醫院心臟科鄭宗衡醫師這三十多年來對我高血壓問題的照顧。

可能是上輩子累積的福氣加上祖先的庇佑，這一路走來我遇到的醫師跟物理治療師都非常好。

這期間我的朋友、我的親戚、我的同學若遇到相關病痛，我也都會推薦陳院長，他們請陳院長或黃主任幫忙開刀、請蔡主任看診，減少他們的病痛，大家都非常感激。我們對這些仁醫的評價都是一樣的，就是那麼正派、那麼親切、那麼厲害，幾乎是百分之百的成功率。

最後要感謝我太太 Cherry 四十多年來的相伴及支持。

在我的手術復健路上，要感謝的人真的太多了。藉由出版本書的機會，再次感謝大家。

下部

榮耀傳承篇

身體重大的損傷堪稱我人生遭遇到的最大困境，感恩神明和祖先庇佑，助我手術成功，熬過復健的苦痛。我願能分享這段時間我對生命的全新感悟，延續合隆毛廠廣結善緣、看重團隊、好分享的企業文化，提供經營管理的心得經驗。我願能將這些精神傳承一代又一代，榮耀家族！

第5章
從復健中學習到的企業經營課

人不能沒有健康，企業也不能沒有健康；
人要活下來、要自由，要有意志力和韌性，
企業要存活、要財務自由，同樣需要具備意志力和韌性。

套一句以前老幹部說的話，對我的評價是，關關難過關關過。年輕時到現在，在事業上，我過了這麼多關——分家、接班、拯救瀕臨倒閉的公司、順利傳承給彥誠。但是嚴格來說，從二〇二〇年我開始換髖關節與膝關節，二〇二二年脊椎受傷開刀，差點面臨半身不遂的輪椅人生，到現在持續復健，才是我個人人生最大的逆境，也是我生命中最長的超級馬拉松。

我一共動過四次手術，第四章詳細描述了我手術和復健的過程，在此統整這四次手術，分別是：

二〇二〇年九月十六日：榮總骨科左髖關節手術（8:10 下刀、9:20 醒來送恢復室、11:30 回病房）

二〇二〇年十一月四日：榮總骨科右髖關節＋右膝手術（11:20 手術、12:15 手術結束、12:30 入恢復室、15:10 回病房）

二〇二二年十月二十六日：榮總神經外科頸椎手術（13:00~16:00，20:00 回病房）

二〇二二年十一月二日：榮總神經外科胸椎＋腰椎手術（7:00~13:00，18:00 回病房）

二〇二二年底，我做完脊椎手術，在這期間，開刀的傷口要癒合、開刀的骨頭要重建，然後精神要繼續恢復，整個神經系統損傷，必須要再重生。

神經壞死之後，肌肉也跟著萎縮，所以當神經跟血管慢慢恢復之後，肌肉也要恢復。要恢復肌肉，沒有其他的辦法，只有靠運動跟毅力，即使痛還是要動，不能因為痛就不想動，否則肌肉又會萎縮回去。

健康的時候做運動是很簡單的一件事，當失去神經跟肌肉之後，在做運動時才知道有多辛苦，比跑超馬更痛苦，因為沒有神經動不了，挫折感、無奈、自尊心受到非常嚴重的打擊。

這次有賴醫師們和佛祖幫忙，手術成功，後續恢復就必須靠我自己。我勤吃肉蛋白，希望神經先長，再長肌肉，然後再努力運動及徒手治療復健，刺激神經和肌肉動起來。

脊椎手術後的這一年半，一路以來都過得非常辛苦，除了復健運動的苦，還有內心煎熬的苦，跟當初一九九一年父親過世時一樣，我必須堅強起來，思考：我該如何從敗部復活？

在整個開刀、復健的過程中，我經歷到這輩子從未有的體驗，總歸一句話：人不能沒有健康，企業也不能沒有健康；人要活下來、要自由，要有意志力和韌性，企業要存活、要財務自由，同樣需要具備意志力和韌性。我無論對人生、對企業經營都有了全新的感悟。

第一課：事情要交辦給能感同身受的人

關節沒有受傷過的人，不知道關節痛的滋味。二〇二〇年一月，我髖關節痛的時候人在加拿大，當時痛得我真是想自我了斷。基本上如果不是當事者，不會知道切身之痛，唯有當事者才知道。

這讓我體悟到，事情絕不能交辦給一個痛癢無關的人，一定要交辦給一個懂得痛癢、知道事情利害關係的人才行。一個對交辦事情無關痛癢的人，便不會對事情產生責任心，他會認為事情「干我什麼事」，這種人絕不能託付。

什麼是「責任心」？說穿了就是面對所委託的事情有責任心，做事的時候他會認為所有事情都跟他有關，有切身之痛，才會成功。比如說客人取消一張訂單，有人覺得沒有什麼關係，輕易說OK，客人要怎樣就怎樣，這不是聽客戶的話，而是「干我什麼事」的內心想法，這種人不會成功，也不能用。

想做好生意，就必須對工作有一份捨我其誰的責任感，才足以讓你下定決心、用盡全力完成任務。

有一次，我跟一個韓國人吃飯，談到生意的困境，他告訴我，他的父親曾經跟日本人做貿易，有一次，他父親貨都備好了，但是日本人不下單不拿貨。他父親便跑到日本去跟日本人談判，希望能釐清問題，搞清楚到底是品質的問題，還是市場不好？然而日本人就是堅決不取貨付款，經過一週談判失敗之後，有一天上午他父親再度到日本人的公司，跟日本人說：「假如你們把原先合約的訂單取消，我的生意就會破產。我告訴你們，我明天不會回去韓國，我今天晚上就會在飯店裡面自殺。」他說完之後就回到飯店。

結果當天晚上日本商社的負責人就打電話給他，請他不要自殺，並請他隔天到辦公室商量。最終，這位韓國人的父親與日本人把這件事情做了妥善的處理。

或許整個故事看起來不太真實，但是這是我的韓國朋友親口告訴我的，這是他父親親身經歷的事件。

從這個事件證明了，做事情的決心與態度會讓結果不一樣！事情談判的成敗，取決於過程中是否堅定你的決心。經過長期談判的過程，許多人容易覺得心力交瘁，而逐漸失去信心，但是有責任感的人會用生命來保護自己的事業。

正常人遭遇到危機，第一個反應可能是閃到一邊去，或在旁邊吃瓜看戲。而一個企業經營者必須要去面對這些危機，然後很坦誠的把這些危機賭上自己的生命一搏，可能會成功，也可能會失敗，這要由老天來決定。

所有成功的企業家都是這樣的態度，公司是他的，他願意賭上生命，讓公司安全脫離危機。

假如經營者的第一要務不是公司，只把公司當作玩票性質的話，這個經營者隨時隨地都可以逃，這家公司是絕對不會成功的。所以經營一家企業，要把公司當作第一生命，這樣才會成功。

第二課：公司營運策略如同脊椎開刀，不允許任何失敗

二〇二二年底兩次重大的開刀過程，是截至目前為止，我所經歷過「最超級」的馬拉松。我切身感受到平時真的要把身體照顧好，生病的時候比較有恢復的本錢與體力，請大家務必要牢記在心裡。

我也深刻體會到，公司營運策略如同脊椎開刀，不允許有任何失敗。開刀找對或找錯醫生，加上自己本身的資源、條件及天命、運氣，會決定你變成半身不遂，或是可以痊癒。

公司營運要成功，第一步如同開刀找醫生，假如今天要找一位可以信任且最好的醫生治療脊椎與開刀該如何找？先從認識的人脈中尋求協助與詢問，選擇體力、實戰經驗綜合起來最佳的醫生。

年輕醫師雖然體力最好，但實戰經驗相對較不足夠；七十幾歲的醫師雖然實戰經驗最多，但可能會因為不可抗力的身體反應與體力不足等因素，影響開刀成敗；而五十歲左右的醫生最為合適，體能好、實務經驗爐火純青，較不會因體力不支、

技術不純熟因素，影響開刀結果。最後，再依據臨床經驗、開刀次數……等實戰經驗數據，來判斷誰更合適。

同理可證，想要公司長期經營，管理者應清楚問題點在哪裡、自己有什麼有效人脈和內外部資源，知道該如何運用以及篩選，才能夠評估出最適合的策略。

企業經營者必須明白的是，外來的和尚不一定會念經，還是要靠自己累積的力量。好比在八〇年代至九〇年代，合隆為了突破瓶頸，多次高薪聘請專家來公司解決問題，但大部分時候都成效不彰。

一九八〇年期間，在我父親同意之下，我聘請很多高薪人員及邀請專家到公司演講、授課，公司也開了很多研習班，包括語言的課程與讀書會，我甚至在自家別墅舉辦群體合宿的研討會。每一次研討會或請專家來演講，初時都覺得效果非常好，認為公司應該朝著這個方向去做。然而，在專家和顧問離開之後，還是沒辦法真正解決內部遇到的問題。因此我一九九〇年才決定念研究所，探討管理這門學問。

幸運的是，政大企家班已經開始招生，我也在我的二姐夫中國砂輪林心正先生的介紹下進入企家班第十屆。

若是本身一時有不懂的地方，請專家來解決問題或許有幫助，但是每家公司的組成（尤其是傳產）都不一樣，資源也不相同，要是不知道自己的長處和短處在哪裡，也很難對症下藥。

當然我們要選出好的人才，同時我們要懂得如何用人，他才能展現實力。假如不會用人，好的人才沒有發揮的空間，便無法幫助公司。就好像各大醫院的名醫、名教授，他們看診、下刀的功夫是幾十年累積出來的，因為他們肯用心，才會變成專家。在政大企研所，有很多人都想跟司徒達賢恩師學習，想變得跟他一樣厲害，但是要承襲司徒恩師的智慧沒有那麼容易，人格特性也是一大關鍵。

不管各行各業，若是要把公司經營好，一定要自己懂、自己操刀，然後要能夠授權，才有辦法做得好。能好好運用外部資源的人實乃一位高手，但前提是內部要先管理好。

從公司經營者到基層員工都一樣，必須吸收新的思維、邏輯，並內化應用在經營與管理來因應時代潮流，如此可以當作表率與模範，也會影響團隊一同改變，達到團隊共好共榮。

第三課：事前必須掌握風險，並提早準備

二〇二二年底，榮總神經外科黃文成主任成功地幫我把脊椎的神經修復好，接下來神經必須要重新長，速度非常慢，同時整個腿部肌肉也跟著萎縮，我幾乎沒辦法走動，變成有點半身不遂。按理恢復速度很慢，但住院將近兩個月期間，我靠毅力強迫自己下床，用手臂的力量使用助行器在病房練習走路。

回想這過程，我也覺得自己是個奇才。原本懷疑將來是否能再像正常人一樣走路？畢竟神經已經嚴重受傷，腳也已經是垂足狀態，但是我竟然有辦法用助行器強迫自己再走路。經歷一年多，現在回顧起來，我才知道我實在是超人。目前神經也慢慢恢復中。

神經長回來，肌肉才有辦法運動；經過運動訓練，肌肉才會再長回來，才會恢復肌力，不然只會萎縮。當時肌肉萎縮的時候很可惜忘了量一下尺寸，我永遠記得當時我摸我的右腿，就只有骨頭跟一層皮而已，雖然上面有一塊肌肉，但是非常的小，那時也一直擔心肌肉什麼時候可以長回來。

經過一年多的復健，在兩、三位物理治療師的幫助下，現在右腳的肌肉已經慢慢長回來。假如按照這樣的復原速度，我想大概在一年之後，我的大腿應該可以參加健美比賽了吧？

當初跑步拿到大滿貫所有獎牌和騎重機的時候，我完全沒想到事態那麼嚴重。我在七年內跑完所有超馬，我開始放肆地騎重機。

這三年，我承受髖關節的痛，非常非常的辛苦，如何去找醫生，如何痛到呻吟，如何做復健，我在前一章有詳細描繪，但筆力或有不足，無法表達出我當時苦痛的萬分之一。

我時常說，人生每件事情都一定有它的代價，好的事要付出代價，壞的事當然也有代價，但都要從多方面、多角度來衡量這些事情。當初的我沒有超馬經驗，再怎麼苦我都願意去跑，我知道跑步的時候腳一定會痛，萬萬沒有想到會傷到骨。付出的代價雖然很大，但我從沒有後悔過。

轉念一想，我在受傷之前，就已經拿到所有大滿貫的獎牌，光榮地完成所有的賽事，我為自己打造了那麼精彩的人生，此生沒什麼好遺憾的了！所以，受傷這件事既然已經發生了，我就接受它，然後想辦法面對它、解決它，努力將自己的狀態調整到最好。

同樣的道理，企業內任何一個主管、員工、幹部，做事前都要知道事情存在的風險及危機，尤其是經營者跟幹部，一定要做好所有風險評估及危機應對，假如你沒有對風險及危機的認識，便不適合當主管或幹部。所有事情都有風險及危機，要能列出風險危機，才能拿出辦法因應。

曾經有人問過我：「做了那麼多超乎常人想像的事情，好像都不知道什麼是害怕？」

對我來說，什麼是「怕」？「怕」就是不知道會發生什麼事，所以如果希望「不怕」，基本上我的解方就是「趁早準備」。比如說跑超馬，我提前做好萬全準備，就什麼都不怕。更精準地說，不可能有任何一個人完全不怕，畢竟有太多未知的事情，但是我之所以「不怕」，是因為我會在最短暫時間之內搞清楚、分析它，然後面對、解決它。

第四課：任何事情都是經過長期努力而成功

開完刀之後，我開始步入長夜漫漫的復健旅程。每次到醫院復健，彷彿帶領我走到另外一個世界，體驗不同的人生。

一個人生病受到重創之後要恢復，非常困難。理想狀況下，要有毅力、吃得健康，要忍受疼痛，資源也要夠，只要缺一，便會影響恢復速度。久了心志磨損，便會屈服於輪椅之上。

我遇過許多復健的人，有的人長得很帥，有的人是運動選手，也有的人是醫護人員。有些人很幸運可以恢復，有些人或許再也不能恢復，甚至連坐都沒辦法坐起來：必須要有人扶他到輪椅上，再由兩、三個人把他抬到平面，然後從平面放在平板上，再讓他站立起來，他整身的肌肉是緊繃的，好像是痙攣。有些人甚至在力不從心的無奈之下，想了斷自己的生命，畢竟沒有人願意度過沒有自尊的人生。沒受傷過的人，不曾經歷過身體不聽使喚的狀態，是無法體會這種挫折感。

我自己住院的時候，早上、下午各做一次復健，但是我強迫自己不要總是坐著或躺著，要盡量站著。出院之後，我一開始外出都叫 Uber，但叫車畢竟不自由也不舒服。怎麼坐還是自己的車最舒服，於是我開始試著在我自己的車上練習踩剎車，卻怎麼都不靈活，我強迫自己練習、練習、再練習，最後終於能靈活踩踏，還開車帶孫子到台東玩，物理治療師都說我進步很多。

除了強迫自己多動，促進血液循環，每天晚上都請看護幫我按摩腳，用按摩槍打腳，讓血液循環更好。看護把我的兩隻腳輪流抬高、搖晃，所有硬梆梆的關節和筋都用很強的力量壓到軟，每天晚上整套程序要耗時兩個小時左右，過程非常辛苦和疼痛，但是不做，血液循環不好，肌肉無法活動，越沒活動就越僵硬。肌肉的疼痛力量若沒辦法平衡，神經還沒長出來，要想站起來，完全只能靠意志力讓自己動起來！

這些都是要含著淚水、用盡全身的力量才做得了的動作，我問我自己：「你要怎麼選擇？要挑戰你目前做不到的事，還是要輕鬆一點坐輪椅就好？」

人生活著的一天就是自己要努力，別人幫不了你！

那陣子剛好讀到稻盛和夫的書《稻盛和夫給年輕人的忠告》，裡面探討「什麼才是真正的吃苦」？

有些人認為「窮」很苦，但「窮」並不是吃苦。窮就是窮，吃苦不是忍受貧窮的能力。吃苦的本質，是長時間為了某個目標而聚焦的能力，過程中放棄娛樂生活、放棄無效社交、放棄無意義的消費以及不被理解的孤獨。吃苦的本質是一種自控力、自制力、堅持和深度思考的能力。這與一個人富有或貧窮無關，能吃苦的人，比普通人能忍受孤獨，還更有理想，這才是「吃苦」。

只要目標確定，我是很能吃苦的人，但是吃苦並不保證成功，有很多成功的例子，失敗案例也不少。失敗的例子大多是對環境的評估不夠，所以沒有辦法深入到真正的核心。就跟讀書一樣，包括練跆拳道、馬術、養狗、做生意、待人處事，都是同樣的道理。

然而，只要對周遭環境有非常清楚的評估，目標正確，找對人做對的事情，願意經歷一段長期吃苦的日子，就會比別人超前很多，然後經過長時間的經營，客人開始埋你的單，同時也拉開了你和競爭對手的距離。

大多數成功者都能從敗部復活，為什麼？因為他們知道什麼叫做苦，在苦與失敗中，他們選擇了吃苦、耐勞。

任何事情都是經過長期的努力奮鬥而成功的！不只是企業經營，現在包括生病和復健，都一樣需要長期努力和吃苦，才能康復。

二〇二〇年換完髖關節後，我走路不方便，肌肉又一直退化跟消失，心裡承受很大的挫折感和打擊。我曾經擁有過非常健壯的身體，直到失去之後，才感受到創傷。儘管如此，我仍然清楚知道我要的是什麼：

「我要活著，然後我要自由。」

為了這兩個目標，我要非常努力，再怎麼艱辛和痛苦我都願意承受。基本上我已經恢復了三分之二，所以我可以過比較正常的人生了，這就達成第一個目標，接著我的欲望跟目標就是更自由。

為了要自由，再大的苦痛我也要忍耐。

只要活在世界的一天，就要不斷的爭取鍛鍊自己！

第五課：知道對方要什麼，經營管理才行得通

受傷復健的人都希望能回家，但回家會造成自己和他人不便，生活中容易產生挫折感，或者是有很多事物會讓他們覺得不舒服，有苦說不出，這是家人難以察覺感受的。

在醫院裡面我認識一、兩個個案，他們的家人甚至認為他們不夠努力，為什麼還在坐輪椅？所以這些個案放棄回家的願望，因為回到家裡，家人只會認為他不夠努力，他應該要好好做復健，應該可以再恢復到一般人的生活中。

誰不想恢復到正常生活中呢？偏偏神經壞死不是我們想讓它動就動得起來，沒有受過傷的正常人不會了解身體無法控制的人的感受。

知道我需要什麼的物理治療師，和無法感同身受的家人，兩相對照，讓我聯想到經營領導。

一個組織、一個企業要能發展，除了要知道自己要什麼，還要知道對方要什麼。比如說電影《捍衛戰士》，劇中主角米契爾上校明確知道自己要什麼，以及自己團

隊的人要什麼，另外他也知道任務與對手怎麼設計防護措施，讓他拿不到（或得到）他要的。往往一個經營者、一個團隊，只在乎自己要什麼，但是忽略了團隊其他人，以及要去執行任務的對方要什麼。

這幾年我看到很多企業的成長與消失。這些企業非常明顯看到自己要什麼，意圖很強烈，但是團隊所有的個體要什麼卻沒有顯示出來，無法產生群體的智慧與綜效。最重要的是，根本忽略了對方要什麼，所以只是自以為是、打空包彈，以至於錯失良機，什麼都沒得到。

話講起來很簡單，但是要做到自己要什麼，以及讓團隊知道領導者要什麼，在執行任務時，需要的專業技術跟產業環境的基本標準，兩者之間是否能搭配，要經過一段時間去磨合。

另者，知道對方要什麼更是一大學問。電子產品也好，所有的東西也好，日新月異，無法投其所好的產業就會被淘汰。所以說，一定要知道對方要什麼，才有辦法執行你要的東西。

第六課：企業管理，一如人的健康管理

用一個最簡單的道理來講比較容易，如何讓自己的身體更健康？

基本上人的身體健康都是掌握在自己手裡。第一就是要吃得健康、攝取足夠的營養。跟新生兒一樣，嬰兒一生下來什麼都不知道，只知道肚子餓，假如喝到健康的母乳或配方奶，就能得到營養。

想要身體健康，攝取充足的營養是第一要件，第二要件就是運動。有營養之後，要長骨頭、要長肌肉，若是只吃東西不運動、不鍛鍊，你的骨骼不會扎實，身體會有肥肉，肌肉量也不多，你的器官會非常衰弱。

在你健康之後，要讓自己的生活變得更好，就必須要有財務支持。唯有你的經濟更好，你的生活才會更好。要改善你的收入，第一個就是要具備非常好的人格、品格、很大的人脈資源及很友善的人際關係。見人就笑，大家都願意給你機會，同時你也願意幫助別人，你的專長特別多，做事也特別能幹。

具備這些之後，你還要注意什麼？要注意到你的收入跟支出，假如你能減少支出浪費，你增加財富的能量就會更強。你的財富累積到某個程度的時候，它會產生一個積聚的效果，會以倍數成長，這時候你就會了解什麼叫做勤儉建國。

公司要強，就跟身體要好、個人財務要好一樣，公司目前飲食是否營養、是否有足夠鍛鍊，若是沒有去檢討，一直在講開源節流就不太實際，應該先讓目前的事物都能達到合理標準。什麼叫合理？每個員工工作的內容、時數是否合理，專長是否合理，再加上他的薪資是否合理？這樣公司才有辦法產生健康的狀態。你吃的東西都是要養身體，吃對，你的五臟六腑、你的身體才不會有太多毒素、營養過剩，或者造成營養不良。

公司需要盤點每個人的工作執掌跟待遇是否合理，然後在大家認同之下，重新把企業的體質、每個人的工作和職位調養好，之後再來討論公司整體怎麼去開源、如何去節流，以此維持公司的健康運作，就跟人要維持健康一樣。

如果生病了，病人要開刀，必得檢查血液裡面的血紅素夠不夠、抗凝血值夠不夠、營養夠不夠？如果沒有檢查清楚，就貿然動刀，非常危險。治理公司，要把公司當作嬰兒來看待，甚至看作手術檯上一個狀況非常嚴重、等待開刀的病人，樣樣都要小心和關照，這樣才會成功。

唯有這樣做，才能創造快樂的工作環境，每個人工作快樂，每年有成長，包含知識的成長、技術的成長、口袋的成長，這才是最重要的。

千萬不要遭遇到這些事才懂得身處其中的滋味，有些狀況不需要親身經歷，我希望大家能夠從別人身上得到智慧、趨吉避凶。越能避免失敗，就越接近成功，如若總是失敗，你就是在浪費生命的時間跟精力。別人在建造，你在停頓。

我最近有一種感覺，就是眼前有如看著沙漏的時間在流逝。時間跟生命一起在賽跑，時間是永不停止的生命。因為生病，讓我的活動暫停、讓我的活動減慢、讓我的成績沒有辦法進步，所以說保持健康的狀況非常重要。

這也是經營之道，如何在勝利、順遂的時候珍惜自己的資源，不要等失敗的時候再來檢討。就像太空梭發射到天上，每隔幾百萬分之一秒就要修正方向，以免脫離飛行的軌道。

總裁的經營心法

1 經營一家企業，把公司當作第一生命，這樣才會成功。

2 經營公司總會遇到許多問題與需要決策的時候，與其不斷向外尋求幫忙，不如訓練內部職員，累積自己內部的力量。

3 會「怕」是因為不知道會發生什麼事，所以如果要「不怕」，解方就是「趁早準備」。

4 生病和復健需要長期努力和吃苦才能康復，企業經營也一樣，成功者在辛苦與失敗中，選擇了前者。

5 企業經營者必須知道自己要什麼，也要讓團隊知道領導者要什麼，這些必得經過一段時間去磨合。

6 維持公司的健康運作，就跟人要維持健康一樣。

第6章
我的經營管理之道，交棒之後的分享

做任何事都要從自己做起，
改變自己，你才有辦法改變身邊的人，
與團隊建立實戰的共識，共同完成目標。

我時常形容合隆毛廠就好像一列在宇宙中繞行的列車，一直在行進，隨時隨地都有人上車、下車。上來的人可能是非常好的人，也可能是非常爛的人，從政治家到政客、從流氓到紳士、從博士到騙子都有可能。身為領導人，一方面要觀察形形色色的人，同時要顧及企業文化，跟資深的幹部藉著團隊的觀察力，以確保每個人都在正確的軌道上行事。以下就來談談合隆毛廠的經營者，從選任人才到團隊共事，必須要面對的經營管理課題。

合隆毛廠的人事物，傳承重要的課題

關於合隆毛廠的經營管理，接下來想分享我的經驗談。我會從人力資源、生產、行銷、財務、研究開發、資訊管理六大部分來談合隆毛廠重要的課題。

人力資源：選才、用才、育才、留才

在工作職場當中，必須處理的不外乎人事物，有了理想的目標之後，關鍵就在

找到對的人。好人才與公司也要有緣分，若是雙方的積德不夠，就不可能造就彼此的緣分。

記得一九九〇年我在政大企研所讀企家班的時候，有一門課叫做「人力資源」。經過一學期，我們這些企業家與專業經理人用個案討論人力資源的四大主題：選才、用才、育才與留才，我們認為「選才」是其中最重要的。如果選對人，就做對了百分之七十五，假如選錯人來做事，即使再怎麼努力結果都會是錯的，同時會增加很多困擾。

能否與好人才締結緣分，需要實際的試驗與考驗，一個企業主如何去尋找一些真正肯花時間、肯用心、肯努力、肯向上、肯溝通、肯協調的專業經理人一起來打拚事業，及建立每個人的資源？我關於人力資源選用的看法，是以下五項：

一、**大學畢業者，需具備「聽、說、寫」三能力**。

聽說寫的能力，其實也就是訊息接收、理解、溝通、表達的能力。

員工能聽懂上級的指令是第一要務。我最怕的員工類型就是交代事情以後，聽不懂也不問，就把指令擱置一旁，不做後續處理。以管理者的角度來看，這就是拒絕溝通、拒絕學習。每個行業都有自己的行話，如果拒絕溝通，永遠也跨不進「行內」，更遑論要做到「內行」了，若是因為無法聽懂他人措辭而產生誤解，在工作上就會是一大問題。

懂得接收、理解訊息之後，溝通、表達也很重要，好人才要能做到清晰有效的口頭和書面表達。

此外，語言能力也是另一項資產，尤其是對合隆這樣的跨國企業來說，合作對象遍及全球，在執行專案時的文書往來和會議討論很常以英文進行，以便快速傳遞訊息。因此，增加一種語言能力，對組織、對個人而言都更有競爭力。

二、**企業選才、用人原則，是寧缺勿濫、適才適用**。

在組織內要栽培或提拔一個人，我們必須用很多精神跟資源去提拔他，要安排很多訓練的課程、情境和心思，才有辦法把一個人帶好。現在的時局情況變化更大，變數更多，人才的需求比過往來得更高。

若是用錯人，企業需負擔昂貴成本，包括選才育才的成本、工作交接或工作中斷的成本等。若選擇非人，投入再多的教育訓練都無法彌補，不僅效果有限，甚至可能造成資源浪費。

因此我的原則就是寧缺勿濫，不輕易降低標準隨便補人，人與人之間是會相互影響的，團隊裡若有成員對工作的態度是敷衍隨便、做表面功夫、甚至占人便宜，那麼這樣的人就如同「潛伏的癌細胞」一樣，會影響其他員工的表現、態度及士氣，嚴重的會使整個組織崩潰瓦解。所以人才一定要慎選，就好像以色列一樣，「人不在多，貴在精」。

然後要能適才適用，要能掌握到人員的能力及專業知識程度，以及判斷出他適合做什麼、能做什麼，並了解他本人的想法意願，才有辦法將人才擺到對的位置，雙方有共識，才能達成各自想要的目的。

有社會經驗的人學習方法跟大學畢業生的學習和培育方法不一樣，每個人加入公司，我們一定要摸清楚他的技能及他的工作經驗，經過兩、三個月的測試之後，才有辦法安排他的工作職責（當然最主要還是安排他應徵的職位）。

三、人才可分為「先知先覺、後知後覺、不知不覺」三種。

最好的人才是「先知先覺」者，具備敏銳度，能夠見微知著，可擔任經營、管理職；其次是「後知後覺」者，一般員工大部分屬此類，所謂「蕭規曹隨」的跟隨者，能按公司、主管決策執行任務者；最下等是「不知不覺」者，對公司的一切漠不關心、毫不在意者，通常也不會主動思考及解決問題。

四、學歷、專業性固然重要，但是人品更重要。

我深信「厚德」是立身之本、處世之基，有深厚的修養和良好品格的人，才能委以重任。企業經營的核心價值在於誠信，提供對的產品、合理的價格給客戶，賣的人能夠安心，買的人能夠放心，企業才能永續經營。

如何追蹤一個人的品性？領導者跟員工相處最多的時候或許是開會時，然而公司會議是來討論問題、產生共識的，正式場合裡面的相處，無論開會、討論，大家用職場的角色彼此對待，在角色的框架下互動會有既定的模式，流於嚴肅，在那樣的場景下看不出人性，接觸不到彼此的底層邏輯。

如果有機會更換場景，好比帶人外出考察業務，從生活的日常起居或合宿期間，在跟他聊天的時候才可以看出很多正式場合看不到的東西。

透過不同場景的互動，去考察、去研習、去觀摩，經過幾天的相處，大家互相了解，也可以更深入接觸到彼此真正的個性。公司的正式場合跟非正式場合，應該是要交互使用才對。

五、選才用人要評估其是否具備「企圖心」與「上進心」。

一個人若是對事業沒有企圖心，不求上進，那麼就算給他再多的誘因都沒用。因此我提拔人才，也會很看重他的企圖心。

行為驅力的來源可分「內在動機」或「外在誘因」，何者為先，差別極大。內在動機可驅使個體為獲得某種滿足，進而積極從事某些活動並且持續行為。但若要先有「外在誘因」才願意行動，非原發自內心的驅力，行為則難以持續。而且以企業管理面而言，若有心人對員工誘之以利、誘之以名的話，可能導致員工因利之所趨而起異心。

我就遇到過類似情況，有人禁不起考驗，在權和錢的誘惑下跪下雙膝，背叛了我們當初的共識和初心。這就回到前面提到的選才用人準則，任用人才首重人品。

有一次我在商周CEO學院演講，學員問我：「經歷過多次專業經理人的背叛，現在對人是否有信心？」答案是肯定的。我越被人家背叛，越要重用人，因為唯有不斷的培養人才，才是百年之計。

我告訴所有學員們，如果一個人跟五個人打架，最後被五個人打趴在地上，沒掛掉然後爬起來，過了三個月之後，同樣的狀況再次發生，這個人又跟五個人打架，又被擊倒了。再過三個月，五個人再來打他，他又被打，再次被擊倒。這人可能在三次之後，已經從中學到經驗、學到技巧，第四次這五個人要來打他，可能就沒有那麼容易了，搞不好他們還會打輸這一個人，這就是人生經驗與教訓的累積。

我常說，事情沒有去做之前，往往不知道會發生什麼問題。就好像我在很多場合與不同組織裡都會提到，人沒有去用怎麼會知道好壞呢？這些原理沒有用、沒有做，怎麼知道好壞？這也一直在重複發生在我們的人生當中。

弱肉強食、贏家通吃，乃是這個現實叢林的法則，我們每個人要不斷鍛鍊自己在背叛中再站起來的韌性，也要不斷地訓練出新的人才，才是一家企業的永續經營跟不敗之道。

生產：維護好的品質

人類文明是靠著相互學習而演變成今日的社會。羽毛的生產實際上需要工業革新來改變傳統的技術，但是這極為困難，成本也相對很高。在未達到變革的目標之前，要做的就是到同業之間多觀摩、技術交流，還必須跟異業的生產事業交換意見。不僅業界要交流觀摩，也要與學術界的人研討產生腦力激盪，若能做到這些，那麼你的生產效果會比同業先進很多。

二〇一一年台灣農委會（現為農業部）為了讓台灣的羽毛工業有一本比較專業的參考書，邀請我編撰一本《台灣羽絨》的書。當初在寫這本書的時候，所有同業都興致很高，都想加入編輯的團隊，但是在編輯的時候同業的貢獻卻很有限。而我則提供很多合隆毛廠工廠機器和所有化驗室關於羽毛知識的相片，供這本書使用，同時也擔任總編撰人，把這個任務完成。讀完這本《台灣羽絨》之後，基本上應該就會成為半個羽毛的專業人士。

羽毛產業說簡單很簡單，說複雜確實也很複雜！要做得好，上下游產業鏈必須要很清楚，因為各產區的原料品質不一樣，加工的流程也不一樣。若要細分，機器構造也不一樣。

目前在工廠管理上，主要討論的是製造流程與制度。羽毛這個行業的生產過程非常專業，如果想要在生產技術上精通，必須長期培育屬於自己的人才。以我們公司目前在生產人造纖維的經驗為例，雖然機器可以直接購買，但是生產的產品跟其他同業比起來就是不一樣，這個差異並非單純依靠設備本身，而是源於我們對機器維修人員的長期培訓和技術提升。我深信，人才的累積與技術的掌握，是製造業成功的核心關鍵。又是老話一句，羽毛生產，看起來很簡單，但是細節需要非常用心去做微調，並沒有那麼容易！

行銷：知己知彼，才能百戰百勝

要先了解羽毛的生產，接下來才能做好羽毛的生意，了解客戶需求，向客戶銷售你的羽毛。羽毛的行銷在所有行業裡面算是比較簡單的，除了要先把產業環境摸得一清二楚、如數家珍，此外就是你對客戶跟產品線的了解深度跟廣度。

羽毛產業分布的很廣，水禽類的鳥：鴨和鵝在不同的地理區域和季節，所產出的品質都不一樣，價格上也有差異。

羽毛配方說起來不難，學問就在百分比，其中又牽涉到新鮮的羽毛及使用過的毛，同樣是百分之七十五的羽絨，但是它的配方卻可能多達十幾種！這十幾種配方都可以經過第三者的驗證，達到產業的標準，但是成本卻有著很大差異。假如不了解羽毛的品質，在羽毛的行銷推廣就會有很大的瓶頸，失去很多競爭的機會。

財務：懂賺錢才有健康的財務

我在一九九〇年接任台灣合隆董事長，然而在一九八九年之前，我對財務幾乎是不懂，但是卻非常懂得賺錢！只要每一批生意多賺錢，那個月的結算就會賺錢。我在賣羽毛的時候，不見得客人每次都給我理想中或預想中的價錢，有時候在整批訂單裡分做百分之百羽絨、百分之九〇羽絨、百分之八〇羽絨，也有百分之五〇的羽絨，還有小毛片的訂單，有些訂單是要虧本的。

客人跟你買羽毛，一定是經過貨比三家，絕對不會是單一跟你買，所以一定要知道市場行情，每一家你的競爭對手大概報價的情形和價位？身為業內人士應該都要知道，這樣你才是內行人，否則就只是局外人。所以在報價的時候，有些比較有優勢的產品，價錢可能要稍微拉高一點；大宗訂單則價錢可以稍微低於行情，才拿得到整張訂單。基本上懂得銷售的人會讓公司的財務人員非常好做，因為每筆生意都是賺錢，也就是說，懂財務的人基本上不會缺乏錢的來源！

俗話說：會賣東西的不是師傅，會收貨款的人才是師傅！要能收到貨款很簡單，只要你勤勞，長跑客戶的營業點，和客人多交際多應酬，就會收到款，同時也可以知道這個客戶到底能不能放款、賣東西給他？

至於管理財務的人員，我認為只要找到一個真正品行端正老實的人就可以了，基本上大學畢業生來做財務跟會計就已足夠，當然，能找到碩士生更好。財務怎麼規畫、怎麼運用以前的資料，諮詢目前人員詳細的商業活動規畫，應該就可以做出預算表，我想，這是一個主管對財務人員的最基本期望。

財務狀況好不好，實際上掌握在經營者跟各級主管的手裡，財務長只是擔任規畫、監督跟控制的角色。其實，我看各公司管財務的人基本上有兩個可能性：

一是經營者跟他的團隊懂得賺錢、省吃儉用，該用則用，不該用的就不會亂花。但是公共關係跟人脈交際是未來的錢，該花一定要花！若公司團隊上下有共識，那財務長就很好做，同時公司也一定會賺錢。

另一個情形就是經營者不了解經營之道，以及他的團隊沒有真正了解商業經營的精華，只是在做為經營而經營的事，這時候管理財務的人就非常辛苦。因為財源的流入不是很充足，在控制開銷方面他又不能得罪別人，同時因為對各個事業單位、產品線與市場的不了解，所以面對財政赤字他也很無奈，只能照著上面的指示審核及蓋印開銷。管控不了所有的費用與開銷，這個管理財務的人縱使有很好的學問也沒有用。

管財務的主管基本上要跟各個單位的主管及部門都很熟，才可以摸清楚公司處於什麼狀況，要了解每個月出貨跟進料的情形，才能做到監管掌控，同時向執行者或董事長、負責人報告。

研究發展：深入內核，才能達到預期

一九九〇年起這三年多期間，我在政大企家班跟著司徒恩師學習管理的學問，學到很多新的管理知識。

而在這以前，我自己摸索的那一套在自己的產業也非常管用。我剛加入公司的時候，就知道如何去改良機器。因為我是在現場參與工作，當時的工作環境是住在工廠，下班也沒辦法回家，所以每天都和工作夥伴在商量如何節省人力、如何使機器效率提升，這些東西雖然沒什麼高深的學問，但是卻極為管用。

我也喜歡到先進國家拜訪客戶，同時參觀他們的工廠，參觀工廠時就一一記下他們的優點，當時我用改善設備與方法來提高生產力，也算是一種研究發展。

一九七七年我加入合隆毛廠的時候，我和我的同事是當時最便宜的工人，所以就被派到化驗室去做化驗，但是我覺得人力和時間成本算下來還是划不來，我們應該可以請夜校工讀生來做這些工作，因為他們比我們更便宜。當時的化驗室的設備跟方法都是我們自己想出來的，後來一九八〇年我開始去美國和歐洲取經，那時候日本的羽毛工業才開始萌芽。

為了公司的發展，我們不只在工廠裡面，同時在客戶的訂單裡也做很多研究與發展，甚至我們也鼓勵同事之間互相討論研究發展！在我心目中的研究發展是非常廣義的，而非狹義的為開發新產品或者新東西，若是專程請一些新的人員來做新的發展，我認為成本非常高，而且也不見得會達到我們期望的目標。

在企家班研討會的時候，司徒恩師說：「中小企業的研究與發展，都是在經營者的腦海裡。」他講這話時我深感認同！我之所以在那麼短暫的時間就能夠成功的發展業務及廠務，就是因為我對公司的研究發展都非常務實。同時，方向有錯就即時更改，研究發展掌控得很好，所以公司的發展也就進步得很快，當然這種現象會造成我的腳步比公司團隊來得快，當時也造成公司一些不必要的浪費。

我認為在研究與發展的時候應該是由上而下，同時請一些專家與會，眾人集思廣益、腦力激盪之後，做出來的決策方案再來實行。

我看到有些研究發展的從業人員容易與實務脫軌，是因為他們對產業不了解，資訊的收集也不夠，只是徒具形式，內核卻不足，基本上都只是依憑上級的指示來做，這樣做起來會非常地辛苦，往往會事倍功半。做研發最忌諱發生這類事。

資訊管理：分享資訊、利用資訊，走向零錯誤

談到資訊管理，我認為有一本書重要的書必讀就是《零錯誤》，這本書是帶領麻省理工學院團隊的邱強所著。邱強致力研究人為錯誤，創辦全球唯一「零錯誤」的資料庫及知識庫軟體公司，這本書告訴我們可以利用大數據與人工智慧來迅速找出錯誤癥結。

現在這個時代，資訊非常重要。不要講這個時代，早在我父親那個時代，他們就了解資訊非常地重要，有時候錯誤的資訊會讓整個事業傾家蕩產。我加入合隆毛廠時，公司還在用摩斯密碼取得商業的資訊，後來才發明 telex，接著無線電話加入商業活動，然後是傳真機，現在則換成智慧型手機，資訊的傳遞就變得更加快速！

談到資訊話題，就非常有趣了。資安與資訊相關工作不只是資訊部同仁的工作，而是整個公司各部門都要注意的。我認為公司每個部門、每個員工都要懂得收集資訊，篩選對的資訊，然後去活用資訊，匯集所有資訊之後，哪些資訊我們需要傳遞出去，每個部門都知道，這樣才是利用資訊，也就是所謂的團隊。如果各部門只管自己的事情，這樣就無法達到公司的最大優勢，也就是綜效。光靠一個人獨自思維、

一個人自我的判斷，是沒辦法全面思考到風險與危機的。

我們需要取得更多的資源，不管是在人際關係、物質關係、知識跟 Data，因為要做的事情很多，我們的資源一定要夠，Data 一定要夠廣、夠正確才可以避免錯誤。同時絕對不要浪費任何資源，避免做錯誤的決定，盡量往零錯誤的方向走！時間會證明一切錯與對，數字會告訴我們真實的事情，我們需要資訊，我們更需要利用正確的知識。

傑出的經營者無法複製，但可以學習

合隆毛廠當初從舊有的組織，到彥誠接班董事長後又增加了六到七個組織，加起來總共十幾個事業單位，彥誠每天都在開會，出差的次數和到現場的次數跟我比起來相對少了很多。

我曾經在公司的幹部訓練裡面寫到一段話：年紀輕的時候是靠努力和體力來賺錢，中年時靠組織跟管理來賺錢，年紀大了就是靠社會經驗及人際關係來賺錢。

在這段期間，最辛苦的階段就是從青年進入中年時期，家庭、孩子的負擔，與事業的責任，種種問題接連發生，兩者都是非常大的負擔。若是沒有分配好，身心可能會受不了，同時也沒辦法負荷。

我認為，身為公司的經營者，或每個部門的負責人、小單位的主管，甚至小小單位的科長、組長，他們的生活方式及付出跟普通員工是不一樣的。

管理心理學上談論到，身為主管，不論是組長、科長、各部門的經理、各廠的廠長，及各部門的副總、總監、總經理或董事長，都必須要有自己的嗜好或休閒，而且每天一定要有時間適度的運動，否則長期累積下來的壓力和疲憊，是沒辦法適應這個職務的。

公司的經營管理跟團體運動看似截然不同的領域，但其實兩者本質相當雷同，團體運動重視團結合作、紀律、榮譽、堅毅，以及永不放棄的精神，這些都與企業經營的理念相符合。

以籃球隊為例，其運作模式也跟企業組織非常相似，例如：董事長就是教練，業務部就像前鋒，行銷與研發像是中鋒，而行政財務等其他單位則是後衛，缺一不可，大家必須緊密合作，才能夠發揮最大的戰力。而一場籃球賽更可視為企業經營歷程的縮影，在比賽過程中，雖然每位球員都有其擅長且負責的任務，但是為了因應賽場上戰術的變化，可能必須進行角色互換，此時大家必須仰賴平時練習時培養出來的默契適時補位，不僅是為了追求個人表現，更以追求團隊的榮譽為首要目標。

教練的角色及任務就是要想辦法訓練球員，分析對手實力、擬定戰術對策、比賽時的臨場調度、賽後的檢討及戰力的補充等等，其實這些都跟企業主每天在想的議題是一樣的。以合隆現在的狀況而言，董事長除了負責上述內部的經營管理事務外，更身兼公司最強業務一職，四處奔波開發商機。因此，我們必須培養中高階層的主管擔任董事長的左右手，把公司內部管理好，減輕他的負擔，讓他可無後顧之憂，放心在外拓展業務。

早年台北公司的員工僅有五人，就可以做到年營收上億元，現在隨著新的事業版圖擴張，人力需求增加，公司成員越來越多，但是否真的能為公司創造更高的獲利呢？

我曾到總統府內聽前總統李登輝先生說過，要「為台灣複製出很多個王永慶」，但我並不認同這句話。我認為營運管理的能力無法百分百複製，也買不到，那是屬於優秀管理者的獨門絕活。但我們可以透過不間斷地進修學習、累積實務經驗培養出好的管理者，施行一套適合組織的管理模式。一個職務越高的主管，就要看得越細，注意細節，必須深入了解每項工作流程的細節，才能思索並找出需要調整改善的地方，進而做到幫助部屬成長，讓整個組織運作更順利。

一個好的高階主管，必須是好的導師與教練，導師雖然無法時時刻刻待在學生身邊照顧，但會給予明確目標、適時提點；教練則是手把手地帶領徒弟操作演練，我認為一個優秀的幹部主管必須要能夠身兼這兩種身分，才能替公司培育人才，並且形成企業文化。

我自己就很喜歡分享經驗，部屬習得好的經驗，就會消化吸收轉化為自己的知識，再將知識運用在工作上，轉化為有經濟價值的活動，如此一來公司才能獲利；幹部在傳授經驗的同時教學相長，也獲得成就感；員工也能在各方面有所成長，累積自己的實力，形成多贏的局面。

在參加完二〇一九年於安徽召開的國際羽絨羽毛局（IDFB）會議後，我可以很有自信地宣布，合隆是前景看好、大有可為的企業，我們必須要抓住機會。而機會是給準備好的人，合隆應從內部的整頓開始，企業競爭力的最大關鍵在於人力素質的優劣，面對競爭多變的商業環境，公司必須加強教育訓練，讓每個人不斷地學習更多新知能與技能，以提升自己的專業能力，才能使員工個人、團隊的組織效率與效能隨之提升。

好的經營者能發揮最佳綜合效果

合隆陳家的第一代祖先，為了尋找新機會，懂得飄洋過海到台灣；傳到第二代，祖先懂得勤儉持家，善待所有的人，而成為台北市三大古物商之一。當初第一代跟第二代人都懂得利用他們的資源發揮最佳效用。到了第三代，除了在台灣本島積極發展之外，也向國外開展業務及設點。而後第三、第四代的經營者聯手打遍全世界，最主要的原因就是為了取得綜合效果。

第四代經營者在加入合隆毛廠的時候就知道要做垂直整合，甚至去學做成衣。

在一九八〇年代因為國際市場的分工，讓合隆毛廠有辦法插旗成衣及寢具業，當時成衣業務羽絨夾克一年做到一百二十萬件，羽絨被也在二百萬件以上。

在一九九〇年代後期到二〇〇〇年，合隆毛廠只要有盈利，就轉現金投資工廠，在有原料的地方興建工廠，準備將來有機會可以使用。我認為，企業要能夠賺錢，就要有土地永續經營的概念。板橋林家也好、王永慶也好，家族之所以可以延續，就是購買資產。我們公司股權很集中，基本上若是有賺錢我就買不動產，然後保值，若哪天要開工廠也不怕沒地可用。

買土地是沉沒成本，機器也是沉沒成本，經營企業每年都要賺錢，然後買土地，是買當下買得起的土地，累積小塊的，再去買一塊大塊的。就好比買房子，剛開始買豪宅的機率很低，通常是先買一間入門款的房子，然後越換越好。

前面談到的重要課題，是我加入合隆毛廠這個傳統產業幾十餘年的體會分享，也期許能將這些經驗傳承給董事長彥誠。一個好的經營管理者，必須做到以下五項事，才能發揮團隊最強的功能：

- 領導功能：提出正確願景及規畫長期的策略，同時指揮及激勵部屬達成目標。
- 組織功能：建立適當組織架構及人事制度，有效從事部門控管及協調的工作。
- 用人功能：從事部屬篩選、任用、培育、晉升、留任的活動。
- 計畫功能：定義工作的需求與目標，並規畫工作產出及活動。
- 控管功能：督導部屬的工作，並從事績效控管、問題解決及溝通協調。

事實上，在經營與管理這方面，各大專院校，甚至各個研究所都有提供基本的管理學知識，這些東西在學校學，或者買一本書有系統地念過，然後再跟公司的經營法則對照，都可以得到證明。當然，若是有時間，把公司的經驗再帶回學校，尤其到研究所一一求證，反覆練習，如此一來，對學理的認識跟實務的經驗就能運用得相當好。

我們傳統產業跟其他的產業不一樣，也沒辦法像服務業那樣拓展相當快速。我們在傳產這一塊，必須要長期經營，一點一滴的累積自己的資產，甚至要經過長期的積累之後，我們的廠房、土地不斷的增值，才能跟得上時代去做改造、改建，我們資產才能在不斷的累積中，龐大茁壯。

與團隊共事並擁有共識

回想在一九九〇年的時候，有人來合隆看到合隆的組織跟當時的狀況，隨口就說了一句：「什麼樣的人玩什麼樣的鳥。」當時公司的經營狀況的確非常不好，陽奉陰違、好逸惡勞的人很多，以他的經驗和智慧，確實能看出組織可能有問題，所以就留下這麼一句話。他離開之後，我心裡難過了好長一段時間，此後我就開始注意自己，改變了自己。

很多社會科學或講師、顧問，都在研究經營與管理，從小家庭至寺廟、軍隊，大到國家，所有的團體都必須面對經營與管理的問題。所謂物以類聚，你跟什麼樣的人在一起，大概會受到他的影響，變成跟他類似的人，因此一個經營者的思維就十分重要。

從台灣商業發展的歷史來看，台灣有一些經營之神，如王永慶只是小學畢業、郭台銘則是中國海專畢業，但他們是如何改變自己的一生？他們改變他們的思維，改變他們的行為跟日常生活，所有成功人士之所以成功，能歸納於三點，第一勤勞，第二誠信，第三是持之以恆，做任何事都要從自己做起，改變自己，你才有辦法改變身邊的人。

記住，隨時隨地都要警惕自己，「什麼樣的人玩什麼樣的鳥」，你的運動、你的嗜好，影響你跟什麼類型的人在一起，例如騎馬、學馬術的人，跟其他不同娛樂的人，行為舉止是不一樣的；喜歡運動的人跟不喜歡運動的人，處事風格也有差異；學武術的人性格也跟其他人不一樣。為什麼孟母三遷？因為孟子的母親相當重視兒子的教育，她了解環境對一個人性格和品德養成的重要性，為了給孟子好的成長環境，因此孟子的母親搬了三次家。

不論是公司、部隊或國家要執行任務的時候，一個人沒辦法做所有事情，所以必須要選一群擁有不同專業的人才來共同組織一個團隊。此時這個團隊便需要建立共識，因為每個專才個性都不一樣，思維也大不相同，所以要經過一段長時間的演練、訓練，才有辦法達成共識，去完成總體的目標。我要再次重申，每個人的想法、作法、態度都是不一樣的，得要經過一段時間的訓練、一段時間的共事與磨合，才能產生共識。

好分享的團隊精神

回顧我這輩子的經歷，成功的祕訣當然很多，其中我認為很重要的一點是要懂得分享，實踐「獨樂樂不如眾樂樂」。回想陳家從福建落腳台北大稻埕，能夠從一個小小的古物商發展到成為台北三大古物商之一，我想最大原因就是有做到分享。

我小時候台灣的經濟狀況還不好，所以每當大稻埕大拜拜、大龍峒大拜拜、三重大拜拜的時候，我不記得大拜拜的具體日期，但是永遠記得我們家拜拜的時候總是高朋滿座。家裡會把一、二樓都空出來，擺滿桌子，然後請人來辦桌。在重慶北路跟延平北路的拜拜，大家都是從各地方齊聚而來大吃特吃。

家裡的客人很多，但是母親跟外祖父、外祖母總會在門口另外擺一桌，給流浪漢或無家可歸的人（當時稱：乞丐和羅漢）在外面吃，或是讓他們把東西拿回去吃。

小時候就從長輩口中知道，我們的曾祖父當初在台北大稻埕經營古物商的時候，只要客人到家裡，就有水讓人洗洗手，然後送上一杯茶，吃飯也是吆喝大家一起來用餐，所以大家都願意把東西交給我們賣。在家裡工作的員工也非常盡心盡力，就如同一家人一樣。

小時候住在重慶北路，我永遠記得，只要春天轉入夏天的時候，一大早，我跟阿公或家裡的傭人會抬著一大桶茶放在重慶北路上，上面寫著「奉茶」，綁著幾個塑膠杯，讓路過的人有茶可以喝，或是補充他們的茶水。到了下午去看看茶夠不夠，晚上再把茶桶搬回家。在路上奉茶，是我曾經目睹及參與的事情。

在我還小的時候台北市沒有飯店，大家也住不起，只要有外地來的客人，不論是從高雄、台中、山上，或從桃園過來的親友，都是在家裡借宿。家裡總是有一、兩間房間給外地來的人住宿，有時候睡不下，客人也會跟我們小朋友借地方睡。我記得小時候只要過年過節，家裡總是一堆客人。母親從早上就開始準備春酒讓大家喝，她準備了三隻醉雞，有客人來就剁雞、做年菜，然後大家一起喝春酒。當年祖父母跟爸爸媽媽就是如此好客。

很多成功的企業家，可能我們都會聽到，他對員工就像對家人一樣。事實上，想成功就必須要有分享的概念，相信「獨樂樂不如眾樂樂」，這樣才有辦法凝聚大家的力量。所謂凝聚共識，單單開會或公事公辦是不夠的，必須要讓大家感染到大家族的氣氛，眾人才會全力以赴。我認為一個經營者跟主要幹部一定要做到眾樂樂，若只有自己獨樂樂，那可能企業的經營者或者主管終將不成氣候。

一九八三年，父母幫我付頭期款，我再貸款二十五年，買了我的第一棟別墅，我記得每個月我們都在那邊辦烤肉，那時候公司正在蓬勃發展，也特別的熱鬧，公司之所以成功也是因為這樣。

後來一九九〇年代中期，中國大陸蓬勃發展，我們也以深圳廠為家，深圳廠有餐廳，整體機能非常齊備，所有的員工都住在宿舍裡。大家吃飽飯、洗好澡，就坐在客廳聊天，員工們的凝聚力非常強，所以公司也很強。合隆在中國大陸的據點一個一個打下來，從深圳一直發展到安徽、黑龍江、江西、山東，都是因為跟所有幹部分享後而成功的。再次強調，要成功必須要有人氣，共同凝結力量。氣若是不足，就沒辦法達成任何偉大的事業。任何一個組織都需要「氣」，力量要很強，氣場要很強才會成功。

從我阿公的時代開始，合隆就會在每年年末宴請所有客戶一起吃飯。即使到現在，合隆客戶遍及全球，要舉辦感恩晚宴並不容易，我還是很希望能保有這項傳統。因為，這代表的就是「樂於與人分享」的核心價值。

合隆百年，經歷過好幾次戰爭、大蕭條、景氣不佳，這種「只要我有一口飯吃，就要與大家分享」的精神，可以延續下來並不容易。早年我們奉茶給過路客，提供住宿給遠道而來的客戶和親友，過年過節更要招待客人到家裡喝酒吃肉。到現在這時代，人人不愁吃、不愁用，要客人、朋友、員工和相關人員撥冗來與我們餐聚，若是感情不夠好，客人是不會想來參加的。

但是合隆能經營一一六年，得惠於眾人相挺，才有今天的我們，因此我很堅持舉辦「感恩」晚宴，要感謝的是我們有可以與人分享的能力。同時，與人分享時，對方也願意接受，我相信這正是一種善循環。

總裁的經營心法

1 **慎選人才：**選對人，企業人才培育就做對了百分之七十五。

2 **加強教育訓練：**不斷地學習更多新知能與技能，使員工個人、團隊的組織效率與效能隨之提升。

3 **與團隊建立共識：**必須經過一段長時間的訓練，以達成共識，共同完成目標。

4 **樂於分享，形成善的循環：**凝聚所有的力量，讓眾人共同全力以赴，成就彼此。

第7章

接班與傳承，企業永續最重要的事

上天安排的事件接踵而來，
讓我一度沒有時間、體力、精神去關心公司的事情。
當我回過頭來再看董事長彥誠，已經蛻變了。
如若這樣繼續下去，
合隆的第五代經營者比第四代優秀的時刻，指日可待。

自二〇〇八年開始，我和老大彥誠、老二彥誌開始跑馬拉松，並且歷經多場超馬賽事之後，我深深體會到彥誠與彥誌的成長。他們若能夠禁得起極地馬拉松那麼艱苦、極限的考驗，承受得起這種身心上的煎熬，基本上已經具備在心智和體能上應對羽毛這個產業的挑戰，再怎麼困苦應該都可以克服。

二〇一四年在南極極地馬拉松時，哥哥跑在前面，弟弟在後面，兩個人一起護著我，一起共同克服艱鉅挑戰，更加深我相信交班、接棒的時間已到，讓我們互相有了傳承交接的共識。

於是南極賽事回來之後，二〇一五年四月二十一日，我和彥誠去拜會命理師林大為老師，他說彥誠要超過四十歲再接班比較好（當時彥誠三十四歲），四十歲之前的命和運還沒走到那邊，容易造成糾紛。

彥誠和我商量之後，我認為為了鍛鍊彥誠，要讓他早點適應、進入狀況，應於此時交班，不要等他到四十歲。而且父子同心、命運相連，不管遇到多少挫折都能克服，加上我當時命正旺，可以庇護董事長，所以仍然依照原訂計畫盡快交棒。

二〇一五年六月二日，身為第四代經營者的我指示張經理用郵件發訊給全體員

2015 年 10 月 9 日舉行董事長交接儀式，與新任董事長彥誠（左）還有彥誌（右），一起合影。

工，說明第四代與第五代董事長交接儀式於同年十月九日進行，事前我並未通知彥誠，此時他與同事一起知道要接任董事長。

十月九日完成交接儀式後，彥誠和我兩人於十月十二日去南投碧山巖拜訪我敬愛的禪海住持，師父看了彥誠董事長的手相說現在交班為時太早，應在彥誠四十幾歲之後才接班。當時我們兩父子都覺得有點失望，但我們還是認為父子同心其利斷金，更何況我們都已經完成交接儀式，我堅決相信我們絕對會把事情做好。

為什麼我堅持這麼早就要交棒？

因為唯有讓第五代經營者陳彥誠坐在正駕駛座去做事，才知道錯與對：對的繼續做下去，錯的能夠即時修正。當年我是臨危受命接班，沒有足夠時間將父親的經驗傳承下來，所以我要趁現在人還在董事長身邊的時候，繼續從旁輔佐董事長，我相信我有足夠的能力將經驗傳承給董事長，協助董事長在行使各項職務時少走冤枉路，讓董事長過更加健康、愉快的日子，讓合隆體制更穩健、獲利更好、更興旺。

交棒九年的衝突與理解

交班傳承至今九年，期間我到處演講分享傳承的故事，與企業界朋友和一些家族親友分享我傳承的心路旅程。但是我知道這些東西只是傳承的開端，還不夠踏實。因此同樣的，其他企業傳承人的講座我也會去聽，借鑑別人的傳承，與我自己的傳承兩相比較，以期能從中間學習可採用之處，來修正我跟彥誠之間的傳承。

然而，每個人的個性不一樣，每家產業的體質也不一樣，因此傳承這件事，有很多門道值得互相研討。我想，在政大企家班，司徒達賢恩師或可再開一門傳承後的企家班課程？若能定期研討企業接班課題，對經營者、對傳承的人、對企業、對整個社會，都將大有用處和益處，而這也符合現在社會所需的永續經營的實踐。

這些日子，我一直在回溯過去九年的點點滴滴，在交接給彥誠當董事長之後，期間發生的人、事、物，各事件的起因和過程，我時時刻刻都在思索將來如何做得更好。九年來最辛苦的人就是彥誠，因為他接任的這個組織那麼龐大。而且在接任董事長之後的兩年，他結婚了！

在彥誠未結婚之前我跟他母親總是非常地擔心，因為他是黃金單身漢，在台北擔任合隆毛廠董事長，人長得高又帥，很容易變成被獵殺的對象。但他總算找到一個能夠攜手共度未來的對象，真正開始成家立業！時間過得實在太快，在訓練他當董事長的時候，我們仍在爭執與糾纏當中，他結婚了。

這期間最大的改變就是他在當董事長的第三年生了第一個大寶貝女兒，改變了他的生活，隔年又生下我的長孫，也是我的「米斗孫」，期間搬了兩次的家。然後在二〇二二年和二〇二三年，老三老四接連出生，短短六年中他娶了太太、成為四個小孩的父親，從一個單身漢變成一個大家長，必須付出的責任和花費的時間，不會比擁有十幾家公司和二十幾個事業單位的負責人來得輕。

這個轉變太大而且也太快了，他除了挑戰公司外部不斷改變的環境和解決不斷擴充的問題，組織內部也有很多人、事、物交錯變動，各種不確定因素一直在增加。再加上有一個關心他的父親，時不時測試他意想不到的問題及挑戰，無形中對他產生壓力。我總是祈願上天和眾祖先保佑他有智慧地安排時間，能夠去運動、跳出繁瑣的事務，並做出條理分明的思考。

在眾人的見證之下，我交棒之後，雖然有一點不放心，但是我們的交班是真正的交班，我把印鑑、把公司都讓出來，也鮮少到公司去。因為若是我到公司，有時會覺得一些事情處理得不太妥適，便直接與第五代經營者彥誠討論，但可能我經歷的較多，我們時常剛剛開始討論，就偏離了討論的主題，轉而去講傳承的問題。

近來我在回想，其實就是心態的問題。承接的人當然會覺得我應該放手，不需要再去擔心這麼多。在司徒達賢恩師的調解之下，我也再次勸自己放寬心。

我在二〇一四年思考將近半年，義無反顧的要完成交班，因為我認為若是不交班的話為時太晚，所以當時沒有做太多細節的規畫。我想，既然要交棒就誠心的把所有事情都交出去，也沒什麼需要防備或提防的。這是我的本性，要用人就是要信任，何況又是跟在身邊十幾年自己的兒子呢！

交棒之後的一兩年，看著他做了一些事情雖然不怎麼成熟，但也不至於出什麼差錯，所以便放心讓他自己做決定、自己去實驗。未料，這當中出現一個非常大的漏洞：他一個人就能決定所有事情，在決策上、在用人上、在執行上沒有其他人與他檢討，一切都是他說了算。其實我當初應該用董事會來控制公司的經營，但是我沒有這樣做，因為我想訓練他立刻學會當董事長和總經理，所有的事情他自己決定、自己做，會比較明白整個事情的發生過程，同時也可觀察他的能力和本性。

回想起來我的膽子可真大，怎麼可以讓一個沒有足夠經驗的人，突然一夜之間權力變得那麼大，且可以掌控這麼大、這麼多部門的事業體呢？但是沒關係，我們是百分之百的私人家族企業，要訓練一個經營者和企業家本來就需要時間和付出成本。當初我想的很美：兒子會聽我的，用不著用董事會來平衡一位董事長兼總經理的權力。我原本以為他當董事長和總經理後會聽我的建言，以協助我們採取雙引擎運作，但是事實上並沒有。

因此二〇一八年我請司徒達賢恩師到合隆毛廠辦公室，幫我們解決父子之間的衝突。這件問題後來也在二〇一八年EMBA的雜誌上面發表了。

司徒達賢恩師的傳承智慧

傳承本來就沒有那麼容易，尤其是在傳統產業。在交班初時，司徒達賢恩師尚未提及傳承的關鍵，後來是我交班後的兩三年，我再回企家班的讀書會時，恩師才說：「傳承是一個進行式，而不是一個典禮或者是一個形式。典禮完之後，才是進行式的開始。」司徒恩師說，交棒是現在進行式，不是說要交班，儀式結束就可以說再見，而是必須要負責到能夠傳承得非常好。如果交棒完之後就不管不顧，這個交班叫作不負責任。

不管是傳的人或是承的人，我也不斷在思考，傳的人是不是傳對了，承的人是否接受傳的人的意思？承的人也不知道應該要承繼哪些事，而自己的意見是否能夠成功？種種不確定性帶來了巨大的衝擊。

但這些衝擊是要等人死之後才產生，還是雙方經過傳承的衝擊之後，經過一段時間的磨合就能讓父子之間、傳承的人互相了解更多、造福社會？或是比較極端的狀況，這個事業就毀掉了呢？

這讓我深深體會到司徒恩師的智慧，我也了解到傳承就是一場超級超級的馬拉松，比在大峽谷、阿他加馬沙漠的極地超馬都來得艱難。

一位企業家在長期的經營過程中，透過書籍、演講、他人的經驗分享，或是各類媒體雜誌中，總能不斷吸收知識。其實這些知識在商學院裡都已經規畫為課程，只要你去學習，就能很快有效率地掌握，減少許多盲目摸索的過程。我認為，理論基礎的重要性不下於實際經驗，若是想要精進自己，無論你在業界資深或資淺、實務經驗有多少，都應該去商學院學習，打下扎實的理論基礎，有助你在實務工作中進一步應用這些知識，做出高效的決策判斷。

司徒恩師的個案教學為什麼在企業管理界那麼出名？為什麼跟其他的教授不一樣？因為他會利用課堂上學生們每間公司的經營理念做為實戰教材，這些不同的產業差異性那麼大，但是他還是能整合出來，讓大家去演練、去腦力激盪、去深度思考，同時也要配合他那天教學課程的核心。在司徒恩師課堂中，要擔心的就是對個案內容尚未詳細閱讀，以及未能將老師的哲理詮釋在個案中，討論起來無所依憑。

當時我跟彥誠在經營上兩個有衝突，恩師前來調解時說：「你們兩個講那麼多也講不完，不如靜下心，把問題寫出來，大家就一目了然，也可以共同檢討，就跟在上課一樣。」這就是司徒恩師厲害之處。

以他人為鑑，謹慎做好傳承

經過恩師的調解，我更知道如何靜下心關心彥誠處理接班工作。我們早期之所以屢屢發生衝突，是因為我知道，如果傳承工作沒做好，再大的企業也是說沒就沒。在我人生的經歷中，台灣有十家以上的羽毛同業都是在傳承之後馬上在產業中消失。我的客戶之一，從一九八〇年代起就是歐洲的五大進口貿易商，也在傳承過程整個不見。一九九〇年代的日本客戶，不論是商社或個人企業，部分企業也在經營者的更換和傳承中消失了。以上這些公司都能表列出來。

當初救了合隆毛廠的美國 Pillowtex 公司，是在美國華爾街上市的公司，人才濟濟，資金雄厚，與我接觸的人不是柏克萊大學就是史丹佛大學的ＭＢＡ。他們在美國跟全世界擁有很多資產，在北卡羅納州甚至擁有一座很大的城鎮，產業鏈非常廣闊。但經營者 John Silverthorne 在一九九二年過世後，公司不到十年宣布破產。

另外一家消失的羽毛公司是 Pacific Coast Feather，也曾幫助合隆毛廠成為世界最大的供應商。在一九九〇年代第三代經營者過世之後，第四代無心經營繁瑣的傳統產業，在十年後賣掉公司。這個家族到目前還是非常富有，但是讓他們這麼富有的原因是第三代的苦心經營。

二〇〇八年我曾遇到一個危機事件。二〇〇八年本來是我最賺錢的時代，我的客戶有日本最大的公司 Mother Bird、美國最大的公司ＰＣＦ，還有很多較小的公司，加起來的總營業額非常大，一年出口的羽毛超過一萬公噸，比巴黎鐵塔還重。但是二〇〇八年日本的 Mother Bird 公司卻突然倒閉，為什麼？因為經營者看到公司股票上市之後，可以獲取那麼大的利益，就產生極大的野心。這家公司給合隆很大的訂單，其經營者也是我的好朋友，但是我沒有想到他為了讓公司股票上市，在買賣期間毫無控制的擴充，所有資金都到位的時候，他為了讓股票上市而去做一些不實的貿易。結果被銀行發覺，就把資金抽回，銀行一旦抽回資金，公司就面臨崩盤，也造成我一千七百多萬美金的損失。

看到他們的失敗，讓我不得不引以為鑑，對彥誠的管理與對公司的經營就會格外小心，以防止因為經營者心大、不務實而產生迷失。所幸到目前為止，我跟彥誠雖然偶有衝突，但是我們一直在改善中，公司也不斷在發展。

看見接班者的蛻變

我時常說，自己要努力，自己努力的時候天都看得到，老天也會來幫忙，並讓其他貴人來相助，這就是所謂的自助、天助、人助，而這也發生在合隆毛廠我自己及彥誠的身上。這就是我常說的**一命**、**二運**、**三風水**、**四積德**、**五讀書**。

二〇一五年交班之後，前面那幾年真的沒那麼順利，然後發生了擾亂全球經濟的 Covid-19 疫情，全世界停滯不前，也沒辦法做經營與管理更進一步的更新進化，只能坐以待斃。偏偏上天讓我的個性那麼剛強，那麼想追求完美，又太過於勤勞，想讓兒子更好，讓公司更好，保護我們的員工免於找工作的壓力，我的心一直沒有辦法放下來。

剛好在二〇二〇年，我身體一系列的手術讓我步調放慢，行動不方便，我是泥菩薩過江自身難保，就真正的放手讓彥誠去嘗試很多新東西。當然，這期間他也有新的經驗跟新的領悟，才會造就我們今日傳承的順利跟相互理解。

這一切都是上天的安排。我全權交棒給彥誠，但總放不下心來，雖然去跑步，但還是喜歡關心公司，結果二〇二〇年初上天就安排 Covid-19 打亂了全世界的腳步。接著二〇二〇年的九月，榮總陳威明院長幫我開刀左髖關節，同年十一月又動了右髖關節跟右膝蓋的手術。手術後的復健就占去我大部分時間。腿部稍微好一點我又開始騎重機。結果二〇二一年十月和十一月榮總黃文成主任幫我做了兩次頸椎、胸椎與腰椎的手術，讓我擺脫全身癱瘓的危機，但是緊接而來的考驗就是我必須從雙腿癱瘓到要能夠用雙腿站起來。

這些上天安排的事件接踵而來，我一度沒有時間、體力、精神去關心公司的事情。經過這四年的停擺，回過頭來再看董事長彥誠，已經蛻變了。

在二〇二四年夏天，我發覺在九年的磨合及彥誠自己的試驗中，彥誠進步了很多，對事情的看法成熟了很多，也從一些事情悟出一些道理，尤其他身為四個小孩的爸爸，家庭組織算是很龐大。同時公司裡發生的一些事，他自己也有許多的體悟。這期間與他一一討論這些事，我覺得他的態度是一百八十度的大轉變。

在這九年中，他身邊的幹部在他的長期領導下，以及我私下利用非正式場合與他的團隊建立感情，雙管齊下，他的部屬增強了幾乎三倍以上的能力。是這些良性互動造就合隆毛廠今日的茁壯。如若這樣繼續下去，合隆的第五代經營者比第四代經營者優秀的時刻，已經指日可待。

培育下一代和下下一代

彥誠接任董事長要對企業負責，走入家庭成為四寶爸後，也有家族的責任在身上。我想起二〇二三年十一月二十三日，我曾去聆聽一場講座討論「傳承」議題，主講的學者及有傳承經歷的企業代表，他們都認為傳承要從小開始，讓家族成員在耳濡目染下產生傳承的意願。另外，家族企業能否成功的關鍵之一乃是「配偶」（不論是丈夫或妻子），因為家庭教育往往需要另一半的協助與配合，配偶對於家族觀念及價值是否認同或一致，就決定了家族的文化與價值觀。

關於這個概念，我深感認同。一個家庭的孩子是否有教養，是否生活在幸福裡，能否傳承家訓、家風？一個企業家回家之後能不能得到充分休息，能否感受到幸福美滿？家裡的另一半決定了這一切，這是我的經歷、我的看法，因此在最後想特別提出來討論。

我訪問過很多人，也看過很多個案。一個母親是否有足夠智慧把家庭管理好，能否有幽默感及容忍度足以承擔整個家族的喜怒哀樂，家庭裡的妻子、母親決定了一個家庭的幸福與否。

我也跟一些人談過，我認識的外國CEO，他們在成功之後，基本上離婚率是高的。這件事情是男方的錯，抑或是女方的錯呢？

我知道有兩個個案是這樣的。都因為對方美麗有智慧，彼此有共同嗜好而結婚，但男性為了事業在外奔波闖蕩，必須不斷地增加他的能力、知識及人脈，所以他要廣交朋友，也要有幽默感，才能贏取人們的好感與擁護。不能得人心的人是絕對不會成功的，尤其是在跟他的團隊工作時，假如連自己工作團隊的心都沒有辦法贏得，那是絕對成不了事。所謂「得人心」，不是用心計去「抓」，而是要在一個自然的狀況下，像一塊磁鐵自然而然地吸引所有的人，具備這樣的人格特質才是領導能力的最高表現。

不過他背後的女人，可能因為先生的好人緣而產生吃醋與懷疑，這是很正常的現象。然而大多時候事情並沒有那麼嚴重，但是在很多企業家太太的眼中，絲毫不允許任何會影響婚姻的事物發生。

一個企業家的成長必須經過很多歷程，但是很多太太們沒有辦法冷靜看待這些變化，便以當下的景象下判斷，主觀地評斷事情，這樣的態度也是後來造成夫妻感情不睦的最大原因。

我的朋友們不約而同都談過類似的話，他們在職場上、在全世界，不管走到哪裡，所有的外人、朋友都說他們好，但是回到家裡，在太太眼中卻變成一無事處。

在這種截然不同的認知下，婚姻怎麼可能會維持得久呢？

一個企業家要潔身自好，因為你的所言所行是二十四小時被監控的，不要以為沒有人在看你，那是錯誤的。不僅是你的員工，你身邊所有的人，你的孩子，都在關注著你，上天也在看，每個人都在看，也包括你自己，你是最清楚自己在做什麼的人。每個人當然會有隱私，這個我理解，但是你該如何處理好？這也是非常重要的一門學問。身為一個企業家，一個公司的高階主管，必須要知道如何好好處理人際關係。

回頭來看合隆的第五代經營者，現在目前正在積極接受培訓與練兵當中，除了練兵，同時也在實戰。那麼他本身的健康、時間的駕馭及家庭生活的分配，在在都是考驗。此外，如何去授權管理，完美領導統御，也必須有策略進行。

現在我還多了一個新的任務，就是要做到「以德傳家」，如何在訓練第五代的同時，能真正教育第六代的品德、價值觀、社會觀、禮義廉恥與德智體群育，誠心企盼在我有生之年，能夠完成這些使命。

為子祈禱

從我成家之後，對我影響最大的文章之一，便是美國麥克阿瑟將軍的〈為子祈禱文〉，從彥誠、彥誌出生到現在，這篇文章我讀了不下上百次。我雖然不像麥克阿瑟將軍是基督徒向上帝禱告，但與神明、祖先對話，祈願冥冥中的大我守護、賜福的心意卻跟麥克阿瑟將軍無二致。因此，我真誠地引述這篇〈麥帥為子祈禱文〉，將我對兒子們的心意寄予神明，保佑我陳家子孫到永遠。

神明啊，

請陶冶我的兒子和子孫們，使他們成為堅強的人，能夠知道自己什麼時候是軟弱的；使他們成為勇敢的人，能夠在畏懼的時候認清自己，謀求補救；使他們在誠實的失敗之中，能夠自豪而不屈，在獲得成功之際，能夠謙遜而溫和。

請陶冶我的兒子和子孫們，使他們不要以願望代替實際作為；使他們能夠認識宗教信仰——並且曉得自知乃是知識的基石。

我祈求您，不要引導他們走上安逸舒適的道路，而要讓他們遭受困難與挑戰的磨鍊和策勵。讓他們藉此學習在風暴之中挺立起來，讓他們藉此學習對失敗的人加以同情。

請陶冶我的兒子和子孫們，使他們的心地純潔，目標高超；在企圖駕馭他人之前，先能駕馭自己；對未來善加籌畫，但是永不忘記過去。

在他們把以上諸點都已做到之後，還要賜給他們充分的幽默感，使他們可以永遠保持嚴肅的態度，但絕不自視非凡，過於拘執。

請賜給他們謙遜，使他們可以永遠記住真實偉大的樸實無華，真實智慧的虛懷若谷，和真實力量的溫和蘊藉。

然後，身為他們的父親和阿公的我，才敢低聲向列祖列宗說道：「我已不虛此生！」

總裁的傳承經驗分享

1 提前交棒，從做中學：實際去做才知道錯與對：對的繼續做，錯的還有時間即時學習與修正。

2 借鑑他人：多看、多聽、多學他人傳承經驗，與自己的經驗兩相比較，從中學習可採用之處，來修正自己的方式。

3 傳承是進行式：傳承工程一直都在持續進行中，而不是一個典禮或者是一個形式。典禮完之後，才是進行式的開始。

4 傳承出差錯，公司營運就會失敗：防止接任者因為經營者心大、不務實而迷失方向。

附錄

我的人生座右銘

從我青少年時期以來，讀到幾篇心靈勵志文章和醒世金句，深深觸動了我，這些文章、隻字片語不僅啟發了我，也給予我力量，直到現在都是我的行事準則。藉著此機會提出來與大家分享，希望也能帶給你些許收穫。

今日之計

一九七三年我青少年時，讀到《讀者文摘》上面的一篇文章，大大激勵了學生時期的我。

我雖然沒有資格當「戒酒會」會員，卻隨身帶著一本「戒酒會」的小冊子：「今日之計」。我相信裡面所說的話，對任何人、隨時隨地都有用處。其中的座右銘如下：

- 只要努力今日之計，不要一下子就想解決終身的問題。人可以整天辛苦做一件事，但如果想到要一輩子不斷地做下去，心理上如何受得了？

- 今天要歡歡樂樂做人。林肯說得好：「大多數的人只要決心歡樂，就能歡樂。」
- 今天要學一些有用的東西，多讀需用腦力、用思想，和集中精神的書刊。
- 今天要設法適應環境，盡可能不要樣樣事都來遷就自己。
- 今天要從三方面修身。以助人為樂，暗中做一件好事。為了鍛鍊忍性，今天至少要做兩件不情願做的事。別人無禮，不要怒形於色。
- 今天要對人盡量和藹，衣飾整潔，出言謙遜，舉止有禮，不議論他人短長，但求諸己而不責於人。
- 今天要訂出一日之計。未必全能做到，但不可少。急躁和猶豫兩大毛病，務必除汰。
- 今天要空出半小時來沉思和舒暢身心。在這半小時內，要好好省察自己。
- 今天要不畏不懼，尤其不怕享福。既有所予，當然也有所取。

我時時會閱讀這些「今日之計」，提醒我每天都要努力，持續學習，並保持快樂積極的心。

麥克阿瑟將軍《為子祈禱文》

我在第七章最後有改寫麥克阿瑟將軍的《為子祈禱文》，我仿照此文祈求神明、祖先，能保佑我的兒子和後代子孫們。這篇文章真的完全寫中我的心聲，我實在太喜愛這篇文章，因此還是在此列出全文，以表敬意。

主啊！懇求你教導我的兒子，使他在軟弱時，能夠堅強不屈；在懼怕時能夠勇敢自持，在誠實的失敗中，毫不氣餒；在光明的勝利中，仍能保持謙遜溫和。懇求你陶冶我的兒子，使他不要以願望代替實際作為；引領他認識你，同時讓他知道，認識自己乃是真知識的基石。

主啊！我祈求你，不要使他走上安逸、舒適之途，求你將他置於困難、艱難和挑戰的磨練中，求你引領他，使他學習在風暴中挺身站立，並學會憐恤那些在重壓之下失敗跌倒的人。

主啊！求你塑造我的兒子，求你讓他有一顆純潔的心，並有遠大的目標；使他在能指揮別人之前，先懂得駕馭自己；當邁入未來之際，永不忘記過去的教訓。

主啊！在他有了這些美德之後，我還要祈求你賜給他充分的幽默感，以免他過於嚴肅，還苛求自己。求你賜給他謙卑的心，使他永遠記得，真正的偉大是單純，真正的智慧是坦率，真正的力量是溫和。

阿門！

然後做為父親的我，才敢輕輕說：「我這一生總算沒有白白活著。」

成者為王，敗者為寇

「成者為王，敗者為寇。」出自元代戲曲《犯長安》，作者已不可考。

一九七七年我初加入合隆毛廠，讀到這句話深得我心，成功或失敗的評價往往取決於最終結果，激勵我要更努力打拚。

一勤天下無難事

語出清代文人錢德蒼收錄的《解人頤・勤懶歌》，告訴我們，只要努力，沒有什麼事是做不到的。在一九七七年我剛加入合隆毛廠的時候，時時以這句話自勉。

勤、恆、誠

我的辦公室外面掛著「勤」、「恆」二字，裡面則掛著「誠」字。自一九七八年開始，就一直以這三個字自我鞭策。

加入政大企家班，有系統地學習企業管理理論

一九九〇年我入學政大企家班，學習到完整而有系統的企管理論，在司徒達賢恩師的指導下，與來自各行各業的菁英相互切磋、研討個案，實是受益匪淺，讓我

有能力將合隆毛廠經營得更加成長茁壯。

人生最大的價值是什麼？

一天，一個小和尚跑過來，請教禪師：「師父，我人生最大的價值是什麼呢？」禪師說：「你到花園搬一塊大石頭，拿到菜市場上賣，假如有人問價，你不要講話，只伸出兩根指頭；假如他跟你還價，你不要賣，抱回來，師父就告訴你，你人生最大的價值是什麼。」

第二天一大早，小和尚便抱了一塊大石頭到菜市場上去賣。菜市場上人來人往，一位家庭主婦走了過來，問：「石頭賣多少錢呀？」和尚伸出了兩根指頭，主婦說：「兩錢？」和尚搖搖頭，主婦說：「那麼是二十元？好吧，好吧！我剛好拿回去壓酸菜。」小和尚聽了心想：「我的媽呀，一文不值的石頭居然有人出二十元來買？我們山上有的是呢！」小和尚最後沒有賣，樂呵呵地去見師父：「師父，今天有一個家庭主婦願意出二十元買石頭。師父，您現在可以告訴我，我人生最大的價值是什麼了嗎？」禪師說：「嗯，不急，你明天一早，再把這塊石頭拿到博物館去，假如有人問價，你依然伸出兩根指頭；如果他還價，你不要賣，抱回來，我們再談。」

第二天早上，在博物館裡，一群好奇的人圍觀，竊竊私語：「一塊普通的石頭，有什麼價值擺在博物館裡呢？」「既然這塊石頭擺在博物館裡，那一定有它的價值，只是我們還不知道而已。」這時，有一個人從人群中竄出來，向小和尚大聲說：「小和尚，你這塊石頭多少錢啊？」小和尚沒出聲，伸出兩根指頭，那人說：「兩百元？」小和尚搖了搖頭，那人說：「兩千元就兩千元吧，剛好我要用它雕刻一尊神像。」小和尚聽到這裡，倒退了一步，非常震驚，但他還是沒把石頭賣給那個人，他遵照師父的囑託，把這塊石頭抱回山上見師父：「師父，今天有人要出兩千元買我這塊石頭，這回您總要告訴我，我人生最大的價值是什麼了吧？」禪師哈哈大笑說：「你明天再把這塊石頭拿到古董店去賣，照例有人還價，你就把它抱回來。這一次，師父一定告訴你，你人生最大的價值是什麼。」

第三天一早，小和尚又抱著那塊大石頭來到古董店，有一些人過來圍觀談論：「這是什麼石頭啊？在哪兒出土的呢？是哪個朝代的呀？是做什麼用的呢？」終於有一個人過來詢價：「小和尚，你這塊石頭出價多少錢啊？」小和尚依然不出一語，伸出了兩根指頭。那人問「兩萬元？」小和尚睜大眼睛，張大嘴巴，驚訝地大叫一聲：「啊！」那位客人以為自己出價太低，氣壞了小和尚，立刻糾正說：「不不不！我說錯了，我是要給你二十萬元！」小和尚聽到這裡，立刻抱起石頭飛奔回山上見師父，氣喘吁吁地說：「師父師父，這下我們可發達了，今天的施主出價二十萬元買我們的石頭！現在您總可以告訴我，我人生最大的價值是什麼了吧？」

禪師摸摸小和尚的頭，慈愛地說：「孩子啊，你人生最大的價值就好像這塊石頭，如果你把自己擺在菜市場上，就只值二十元；如果擺在博物館裡，就值兩千元；如果你把自己擺在古董店裡，你就值二十萬元！」

我是在一九九〇年讀到這篇小和尚賣石頭記。當時剛接任合隆董事長，還很迷惘，讀到這則故事，我開始思考到，平台不同，定位不同，人生的價值就會截然不同。你要為自己尋找一個怎樣的人生舞台？不怕別人看不起你，就怕你自己看不起自己！誰說你沒有價值？除非你把自己當作破石頭放在爛泥裡，沒有人能夠替你的人生下任何的定義。

一個不會游泳的人，光換游泳池還是不會游泳；一個不會做事的人，老換工作也無法提升自己的工作能力；一個不懂經營家庭的人，怎麼換伴侶都解決不了問題；一個不懂正確養生的人，藥吃得再多，醫院設備再好，也不會變健康；一個不學習的老闆，絕對不會持續成功。解決問題的關鍵，在於提升自身的能力和認知，要承認一個事實：「我是一切的根源，要想改變一切，首先要改變自己！學習是改變自己的根本。」

其實，你愛的是你自己，你喜歡的亦是你自己。你愛的、你恨的，都是你自己。你每天抱怨、挑剔、指責、怨恨，你就生活在地獄。當你變了，一切就都變了。

你的世界是由你創造出來的，

你的一切都是你創造出來的。

你是陽光，你的世界充滿陽光；

你是愛，你就生活在愛的氛圍裡；

你是快樂，你就是在笑聲裡。

人生如空木桶

一位木匠砍了樹，把它做成木桶，一個裝糞，就叫糞桶，眾人躲著；一個裝水，就叫水桶，眾人用著；一個裝酒，就叫酒桶，眾人品著；一個裝錢，就叫錢桶，眾人喜愛。

二〇一八年我讀到這段短文，木桶是一樣的，因為裝的東西不同，命運也就不同。人生亦如此，有什麼樣的觀念，就有什麼樣的人生；有什麼樣的想法，就有什麼樣的生活。

人生必須參與演出，別只是當觀眾

舞台再大，自己不上台，永遠只是個觀眾；
平台再好，自己不參與，永遠只是局外人；

能力再大，自己不行動，只能看別人成功。

二〇一九年，我在網路上看到網友分享的這段文字。這段話提醒我，無論環境有多好，機會有多大，或是自己擁有多強的能力，如果不主動參與、採取行動，最終只能在旁邊看著別人成功，自己終將一事無成。

富貴本無根，盡在勤裡得

這句話出自明代馮夢龍的《醒世恆言》。富貴本來就不是固定不變的，必須完全依靠勤奮努力才能獲得，如果缺乏勤勞與努力，所有的計畫與目標都將變得毫無意義。無論是誰，都必須以勤奮為基石，才能成就更遠大的事業與夢想。

將相本無種，男兒當自強

這句話的意思是將軍和宰相這些大人物的地位並非天生就擁有，任何人都有機會透過後天的努力與奮鬥創造未來。據傳這段話是出自北宋後期的訓蒙幼學詩，當時距今將近一千年前，在孩子年幼時就教他們這麼有志氣的話，我現在雖已七十歲，仍常提醒自己男兒當自強。

疾風知勁草，板蕩識誠臣

出自唐太宗李世民的詩句〈贈蕭瑀〉，意思是在逆境中才能看出誰是真正堅強的人，在危急時刻才能辨別一個人的節操。在企業中也是同樣的道理，真正有價值的員工和夥伴能在艱難時刻站出來，與公司共同克服挑戰。

路遙知馬力，日久見人心

出自元代戲曲《爭報恩》，作者不可考，意思是馬的耐力只有在長途跋涉後才能看出來，同樣的，人心也只有經過長時間的交往和相處，才能真正了解。

後記

以德傳家

寫這本書的過程，我腦海裡一直像跑馬燈跑個不停，頻頻回顧過去的時時刻刻。這是我的第四本書，商業周刊團隊與我從二〇二三年底開始企畫到執行，這期間讓我再一次回看品味自己的人生，試圖把人生的每一個細節都找出來，重新梳理當初的脈絡和意義，對於七十歲的我而言，我最重要的體悟是：「感謝」。

感謝上天，感謝我們陳家祖先，因為他們有積德，讓我這一生，凡事遇到難關，關關難過關關過；感謝我的父親陳雲溪、母親陳寶珠他們賜給我生命，並且教會我重視義理和愛、樂於分享，以及享受挑戰的人生。

包括這幾年我遭逢人生最大逆境——髖關節、脊椎受傷，而且已經持續復健了一年多。還記得當我脊椎受傷回來準備開刀的時候，主刀的台北榮總黃文成神經外科主任對我說：「當你的醫生風險很大，因為你的狀況已經在懸崖邊了，非常危急。」所以在寫這本書的時候，儘管在這人生的緊要關頭，每次談到各種不同有驚無險的事情，我內心只有浮現一句話：感謝祖先、感謝父母，如果沒有他們積下來的福氣和厚德，我是無法生存到現在的。

我的母親很愛我，可是因為身分是二房，她很沒有安全感，更擔心我哥哥和我得不到充分的照顧，從我們小時候，母親便非常在乎父親提供的經濟條件，她總是感覺不夠，為了替我們累積資產，她很少為自己買什麼。

然而母親從父親手裡拿到的資源，除了照料我們長大、為我們規畫未來之外，其他的錢財母親會拿去捐獻寺廟或幫助其他人，雖說不是多大的寺廟，但是廟裡很多東西都刻著父親陳雲溪、母親陳寶珠、我哥哥陳焜榮和我陳焜耀的名字，甚至也有彥誠的名字。

我這輩子到現在，完成了許多在別人眼裡看來不可能的事情，包括五十七歲開始跑超級馬拉松，而且一跑就跑了十三場，為什麼這些事情我能完成、我能成功？

因為為了家族的榮耀、個人的成敗，我非常努力。雖然因為沒有好好保養修復，所有的辛苦累積到最近幾年，我因此受傷開刀。可是世界上沒有一件事情沒有代價，我付出代價，得到的結果便是榮耀。

九年前我交棒給彥誠，剛開始時很困難，就好像小時候學騎腳踏車，怎麼騎都不順。但九年後的現在，我覺得已經漸上軌道、越來越順。我也看到我們彼此都有犧牲，董事長旁邊的幹部都很年輕，他要建立自己的團隊和人馬；站在我的角度，對彥誠，我希望能扶他上馬，再伴一程。

二〇二四這年、疫情結束後，我到深圳、到江西去，只為跟合隆大園廠的幹部在大陸視察參訪相聚一刻，在最後他們要離開深圳的時候，我趕到深圳廠跟他們吃了一餐，然後跟著大夥一起坐高速鐵路到江西廠，工廠就在高鐵站正對面。之後我繼續陪著他們兩天，然後跟地方政府吃吃飯，再回到深圳廠。

這些三十幾年的老幹部齊聚在一堂，此情此景的體會，這些人、事、物讓我很放心，也讓我再次充滿感激之情，再次相信命運讓我遇到這麼多事情，是老天的厚愛。

許多事情別人做不好、別人無法度過，為什麼我可以安然度過？這就是上天疼惜、祖先有積德，所以我得繼續老調重彈，告訴後代：以德傳家，可傳幾十代。如果只有財富的傳承，富不過三代。

我身邊太多人都富不過三代。再次證明真的要以德傳家，而且無論是家族或是個人，包括我自己的人生，都要以德為重、以和為貴。

我不僅希望我的家人、家族過得好，更希望合隆毛廠能永續經營，照顧到每個員工。為了實現這一目標，公司的盈利就非常重要，只有在激烈的市場競爭中取得成功，企業才能夠積累更多資源，改善自身的體質，讓員工們生活得更幸福。

合隆毛廠發展至今，離不開與我們一起打天下的員工們，是大家共同努力奮鬥，才有現在的合隆。在齊心打拚的過程中，我看到員工們的能力提升了，並具備優秀的品格，而每一個人的努力不僅為自身贏得更多獎勵，我也希望大家都能享受到更好的生活品質。我始終堅信，只有當身邊的人變得更強大、有智慧、講道德，企業才能持續成長，實現更長遠的目標。

我認為，當員工在知識、技能、見解、智慧上有所精進和成長的時候，不僅造福自身，也有了餘裕能夠回饋社會，這種良性循環使我們不僅僅是在追求企業成功而已，同時也是在為社會做出貢獻。

我經營企業的一大心願就是，當眾人努力獲利之後，能夠造福周圍的人，並將這種影響力擴展到整個社會。我希望合隆的每個夥伴都能以積極的態度面對工作中的挑戰，不怕困難、不怕辛苦，遇到挫折也能重新站起來。如此一來，不只對公司好、對每個員工自己和家庭好，也對整個社會環境都好。

當我完成這本書的時候，我深刻感受到這只是我人生另一段旅程的開始。未來的路還很長，我又增添了新的挑戰、目標和夢想，只要我還生活在這個世上，我就會邁開腳步繼續前進。趁上天還未召見我，我將持續努力到最後一刻。

當大限之期到來，我會很高興地準備好見到父母，我相信他們會對我說：總算沒有白生我！而我可以自信地向父母說：我做到了光宗耀祖！

Pain is short,
Glory is Forever.

追求榮耀，超越極限

作者	陳焜耀
採訪整理	單小懿
文字校訂	林亭君 Kimiko
商周集團執行長	郭奕伶
商業周刊出版部	
總監	林雲
責任編輯	黃郡怡
封面設計	Javick studio
內文排版	洪玉玲
地圖繪製	董嘉惠
出版發行	城邦文化事業股份有限公司 商業周刊
地址	115 台北市南港區昆陽街 16 號 6 樓 電話：(02)2505-6789　傳真：(02)2503-6399
讀者服務專線	(02)2510-8888
商周集團網站服務信箱	mailbox@bwnet.com.tw
劃撥帳號	50003033
戶名	英屬蓋曼群島商家庭傳媒股份有限公司城邦分公司
網站	www.businessweekly.com.tw
香港發行所	城邦（香港）出版集團有限公司 香港灣仔駱克道 193 號東超商業中心 1 樓 電話：(852) 2508-6231　傳真：(852) 2578-9337 E-mail：hkcite@biznetvigator.com
製版印刷	中原造像股份有限公司
總經銷	聯合發行股份有限公司 電話：(02) 2917-8022
初版 1 刷	2024 年 10 月
定價	450 元
ISBN	978-626-7492-48-2（平裝）
EISBN	9786267492468（PDF）／ 9786267492475（EPUB）

國家圖書館出版品預行編目(CIP)資料

追求榮耀,超越極限/陳焜耀著. -- 初版. -- 臺北市 : 城邦文化事業股份有限公司商業周刊, 2024.10
320面 ; 17×22公分
ISBN 978-626-7492-48-2(平裝)

1.CST:企業管理 2.CST: 自傳

783.3886　　113012864

金商道

The positive thinker sees the invisible, feels the intangible, and achieves the impossible.

惟正向思考者，能察於未見，感於無形，達於人所不能。 —— 佚名